"十三五"国家重点图书出版规划项目
自然资源资产负债表编制理论与实践丛书

自然资源资产负债表编制技术研究

潘 韬　封志明　杨艳昭
闫慧敏　刘玉洁　江　东　等◎编著
马国霞　刘文新　高　阳

内容简介

本书是"自然资源资产负债表编制理论与实践丛书"的一册,介绍了自然资源资产负债表编制技术的若干概念、发展现状与基本原则,重点阐述了自然资源资产负债表编制的关键技术与方法体系,分别提出了资源、生态和环境资产和负债核算的技术和方法,为自然资源资产负债表编制规范化和标准化提供科学基础,为自然资源资产负债表编制技术的推广及应用提供支撑。

本书可供资源科学、环境科学、生态学、地理学等领域的政府公务人员、科研和工程技术人员、企业管理人员以及高等院校的师生等参考,也可作为高等院校相关专业研究生的参考书目。

图书在版编目(CIP)数据

自然资源资产负债表编制技术研究/潘韬等编著. —北京:气象出版社,2020.12

(自然资源资产负债表编制理论与实践丛书/封志明主编)

ISBN 978-7-5029-6856-4

Ⅰ.①自… Ⅱ.①潘… Ⅲ.①自然资源-国有资产-资金平衡表-编制-研究-中国 Ⅳ.①F231.1

中国版本图书馆 CIP 数据核字(2018)第 253663 号

Ziran Ziyuan Zichan Fuzhaibiao Bianzhi JiShu Yanjiu
自然资源资产负债表编制技术研究

出版发行:气象出版社	
地　　址:北京市海淀区中关村南大街 46 号	邮政编码:100081
电　　话:010-68407112(总编室)　010-68408042(发行部)	
网　　址:http://www.qxcbs.com	E-mail:qxcbs@cma.gov.cn
责任编辑:蔺学东	终　　审:吴晓鹏
责任校对:张硕杰	责任技编:赵相宁
封面设计:八　度	
印　　刷:三河市君旺印务有限公司	
开　　本:787 mm×1092 mm　1/16	印　　张:11.75
字　　数:300 千字	
版　　次:2020 年 12 月第 1 版	印　　次:2020 年 12 月第 1 次印刷
定　　价:60.00 元	

本书如存在文字不清、漏印以及缺页、倒页、脱页等,请与本社发行部联系调换。

自然资源资产负债表编制理论与实践丛书
编委会

主　编：封志明

副主编：杨艳昭　闫慧敏　潘　韬　江　东

编　委：（按拼音排序）

　　　　陈　玥　杜文鹏　封志明　付晶莹　高　阳
　　　　郝蒙蒙　江　东　李　鹏　刘文新　刘玉洁
　　　　马国霞　潘　韬　宋晓谕　王留林　肖池伟
　　　　薛智超　闫慧敏　杨艳昭　游　珍　周　蕾

分册编委

《自然资源资产负债表编制原型研究》

杨艳昭　封志明　闫慧敏　潘　韬　江　东　等

《自然资源资产负债表编制案例研究》

闫慧敏　封志明　杨艳昭　潘　韬　宋晓谕　等

《自然资源资产负债表编制技术研究》

潘　韬　封志明　杨艳昭　闫慧敏　刘玉洁　等

《自然资源资产负债表编制系统研究》

江　东　付晶莹　封志明　杨艳昭　闫慧敏　等

项目支持

- 国家重点研发计划项目"自然资源资产负债表编制与资源环境承载力评价技术集成与应用",起止时间:2016—2020年;项目负责人:封志明。
- 中国科学院STS项目"自然资源资产负债表原型研究与应用",起止时间:2014—2016年;项目负责人:封志明。
- 湖州市人民政府委托项目"湖州市自然资源资产负债表编制",起止时间:2014—2015年;项目负责人:封志明。
- 承德市人民政府委托项目"承德市自然资源资产负债表编制",起止时间:2015—2016年;项目负责人:封志明。

序 言

"探索编制自然资源资产负债表,对领导干部实行自然资源资产离任审计"是2013年11月党的十八届三中全会作出的重大决定。2014年7月,国家发展和改革委员会联合六部门启动第一批生态文明先行示范区建设,探索编制自然资源资产负债表、开展自然资源资产离任审计是其重要制度创新内容。2015年4月,中共中央、国务院发布《关于加快推进生态文明建设的意见》,并在第二十五条进一步明确提出"探索编制自然资源资产负债表,对领导干部实行自然资源资产和环境责任离任审计"。2015年11月,中共中央办公厅、国务院办公厅先后印发关于《编制自然资源资产负债表试点方案》和《开展领导干部自然资源资产离任审计试点方案》,将内蒙古自治区呼伦贝尔市、浙江省湖州市、湖南省娄底市、贵州省赤水市、陕西省延安市等地作为试点地区,中国自然资源资产负债表编制正式进入试编阶段。毋庸置疑,研究和探索自然资源资产负债表编制技术与方法,既是国家生态文明建设的根本战略需求,也是自然资源资产负债表编制的部门业务化要求,具有重要的科学价值和实践意义。

自然资源资产负债表编制缘起于自然资源资产评估与国家资产负债表编制,将自然资源价值尽可能编列在资产负债表上已成为国内外学术界的共识。近年来许多国际组织和科研机构,都在采用不同的编制方法与技术路线推进自然资源资产评估与国家资产负债表编制。从分类到综合,从实物到价值,从存量到流量,已成为国内外自然资源资产评估与自然资源核算的重要趋势。从自然资源分类实物量表到综合价值量表,将自然资源资产负债表发展成为国家资产负债表的重要内容,是未来国家环境经济核算体系和经济统计体系的重要发展方向。我国除《中国统计年鉴》中部分自然资源实物量平衡表外,尚未见到自然资源资产负债表编制先例,这也许就是"探索编制自然资源资产负债表"的根本原因所在。

自然资源资产负债表与自然资源核算密切相关,事关自然资源"价值几何"这一基本科学命题。尽管探索编制自然资源资产负债表是党的十八届三中全会作出的重大决定,但是,与其密切相关的自然资源价值评估和资产负债表编制却已走过百年历程。从19世纪末的自然价值论到20世纪后期的自然资源价值评估,从自然资源核算到资源环境核算,特别是20世纪末21世纪初的环境与经济核算综合体系,为自然资源资产负债表编制提供了理论与方法借鉴。从19世纪末20世纪初的财务报表分析到资产负债表编制,从企业资产负债表到国家资产负债表,特别是国家资产负债表和国民经济核算体系为自然资源资产负债表编制提供了框架体系和表式参考。

面向国家需求、立足学科前沿,中国科学院地理科学与资源研究所于2014年

4月率先开展了中国科学院科技服务网络计划(STS)项目"自然资源资产负债表原型研究与应用"(STS-001)。在地方政府支持下,先后在浙江湖州(2014年10月开始)和河北承德(2015年8月开始)开展了自然资源资产负债表编制案例研究,编制完成了湖州市/安吉县自然资源资产负债表(2015年7月)和承德市自然资源资产负债表(2016年4月)。2016年9月,国家重点研发计划"典型脆弱生态修复与保护研究"重点专项"自然资源资产负债表编制与资源环境承载力评价技术集成与应用"项目(2016YFC0503500)正式启动。通过上述理论探讨与实证研究,项目组发展和完善了自然资源资产负债表编制的理论与方法:创新性地提出了自然资源资产负债表编制"三并重、三结合"的基本原则与"三先三后"的技术路径,建立了由"总表-主表/分类表-扩展表"构成的报表体系和表式结构,编制完成了湖州市/安吉县和承德市自然资源资产负债表。专家组验收评审认为:湖州市/安吉县自然资源资产负债表是国内第一张较为系统的市/县自然资源资产负债表,承德市的则是国内第一张公开发布的自然资源资产负债表;研究成果具有创新性、前瞻性、实用性和可扩展性,总体处于国内领先水平;研究形成的自然资源资产负债表编制的"湖州模式"和"承德模式",具有重要的科学价值和示范意义。

上述研究成果集中反映在"自然资源资产负债表编制理论与实践丛书"中。本丛书由《自然资源资产负债表编制原型研究》《自然资源资产负债表编制案例研究》《自然资源资产负债表编制技术研究》和《自然资源资产负债表编制系统研究》4部著作组成,从理论探讨到案例研究,从原型设计到报表体系,从表式结构到报表编制;从技术集成到系统研发,从负债核算到价值评估,从系统集成到报表列报;从基础到应用,从分类到综合,从实物到价值,较为系统地讨论了自然资源资产负债表编制的理论与方法。希望"自然资源资产负债表编制理论与实践丛书"的出版,能够对国家和地方自然资源资产负债表编制的探索与实践、示范与推广有所裨益。

"自然资源资产负债表编制理论与实践丛书"的编撰与出版,得到了国家科技部国家重点研发计划"典型脆弱生态修复与保护研究"重点专项、中国科学院科技促进发展局、浙江省湖州市人民政府和河北省承德市人民政府的资助和支持,在此特别致以衷心的感谢和诚挚的敬意。

"自然资源资产负债表编制理论与实践丛书"作为自然资源资产负债表编制的探索之作和试验田,再加上编著者水平有限,难免存在不足和不妥之处,敬请读者不吝批评和提出改进意见。

封志明

中国科学院地理科学与资源研究所

2018年10月30日

前　言

探索编制自然资源资产负债表、建立生态环境损害责任终身追究制是生态文明制度建立的重要举措之一。党的十八大报告明确指出,要把资源消耗、环境损害、生态效益纳入经济社会发展评价体系,建立体现生态文明要求的目标体系、考核办法奖惩体制。自然资源资产负债表是将一国或地区的所有自然资源资产分类加总形成的报表,它综合体现了某一时点上区域自然资源资产的"家底"、反映了一定时期内自然资源的使用状况及其对生态环境的影响。

近年来,尽管国内不同区域或研究机构围绕自然资源资产负债表编制开展了大量的理论探索和试点研究,也取得了一些重要进展,但总体仍处在起步时期和探索试编阶段。目前,自然资源资产负债表编制仍没有现成的、直接可以操作的模式。因此,开展自然资源资产负债表编制技术研究,既是国家自然资源资产负债表编制业务化的要求,也是国家生态文明制度建设的需要。

2014年初,在中国科学院的支持下,中国科学院地理科学与资源研究所封志明研究员组织团队,在国内率先开展自然资源资产负债表编制理论与技术的系列研究工作。经过多年探索,陆续完成了"自然资源资产负债表编制理论与实践丛书"的撰写工作,本书是该丛书中的一部。本书面向国家需求和部门业务化需要,从中国自然资源和生态环境的基本特征出发,发展具有中国特色的自然资源资产负债表编制方法体系,开展自然资源资产负债表编制技术研究,完善自然资源资产负债表编制方法论,突破原型设计、负债核算与价值化等关键技术,建立自然资源资产负债表编制与更新系统,提出自然资源资产负债表编制标准或技术规范,以期促进自然资源资产负债表编制的标准化、规范化和系统化,为全国自然资源资产负债表制工作提供有益探索,为国家生态文明相关制度建设提供科技支撑。

本书共分为9章。第1章为"自然资源资产负债表编制技术概述",主要介绍了自然资源资产负债表编制的若干基本概念、国内外研究现状、基本原则及总体技术路线;第2章为"自然资源资产价值评估与核算方法",主要介绍了自然资源资产价值评估的主要理论,以及核算的主流方法;第3章为"自然资源资产负债表编制的若干关键技术",主要介绍了负债表原型设计、负债核算与价值化等关键技术;第4章为"自然资源资产负债表编制框架体系",从表式结构和报表体系等方面介绍了自然资源资产负债表编制的总体框架体系;第5~7章分别从资源、生态和环境等方面,重点介绍了资产与负债核算的指标方法和技术体系;第8章为"自然资源资产负债表编制与更新系统",主要介绍了负债表编制与更新系统的设计、实现与应用;第9章为"自然资源资产负债表编制技术的启示和发展",主要介绍了作者在近年来参与自然资源资产负债表编制工作中得到的一些启示,同时对自然资源资产负债表编制技术的应用和发展方向做了展望。

本书的研究和撰写是在项目组全体成员的共同努力下完成的,特别是项目负责人封志明研究员在丛书整体设计、组织协调和修改审核等各个环节亲力亲为,倾注了大量心血。具体章节撰写人员如下:第 1 章为刘玉洁、张婕、张皓等;第 2 章为封志明、杨艳昭、潘韬、闫慧敏等;第 3 章为潘韬、封志明、杨艳昭、闫慧敏等;第 4 章为杨艳昭、闫慧敏等;第 5 章为闫慧敏、杨艳昭、宋晓谕、李鹏等;第 6 章为潘韬、刘文新等;第 7 章为马国霞、潘韬、高阳等;第 8 章为江东、付晶莹等;第 9 章为潘韬等。全书由潘韬、刘玉洁审查统稿。

"自然资源资产负债表编制"是一项具有巨大挑战性的研究课题。项目组全体同仁历经四年不懈努力,各课题团结协作、反复研讨、深入研究,付出了巨大精力。然而,受研究能力和水平的限制,本书难免存在一些疏漏和不足之处。恳请各领域专家学者和广大读者给予理解,并提出宝贵意见和建议,以鼓励、指导和支持我们把这一重要工作持续深入开展下去,不断取得新的研究成果,为我国生态文明和"美丽中国"建设提供更多更好科技支撑。

值本书付梓之际,谨向参与本书研究工作的全体项目组同仁,向对本研究给予关心、支持、指导本书撰写工作的各位领导、专家表示衷心感谢!

作者
2020 年 10 月

目录
CONTENTS

序　言
前　言

第1章　自然资源资产负债表编制技术概述 / 1
 1.1　若干基本概念 / 1
 1.2　国内外研究现状 / 3
 1.3　基本原则 / 12
 1.4　总体技术路线 / 13

第2章　自然资源资产负债表编制框架体系 / 16
 2.1　自然资源资产负债表表式结构 / 16
 2.2　自然资源资产负债表报表体系 / 21

第3章　自然资源资产负债表编制的若干关键技术 / 23
 3.1　自然资源资产负债表原型设计 / 23
 3.2　自然资源资产价值化技术 / 25
 3.3　自然资源负债核算技术 / 28
 3.4　生态与环境综合核算技术 / 30

第4章　自然资源资产价值评估与核算方法 / 36
 4.1　自然资源资产价值评估理论 / 36
 4.2　自然资源资产价值评估方法 / 41
 4.3　自然资源资产负债表及其编制 / 51
 4.4　小结 / 58

第5章　自然资源资产与负债核算技术 / 59
 5.1　概述 / 59
 5.2　土地资源资产与负债核算技术 / 61
 5.3　水资源资产与负债核算技术 / 69
 5.4　森林资源资产与负债核算技术 / 76

5.5　矿产资源资产与负债核算技术 / 82
　　5.6　小结 / 90

第6章　生态综合核算技术 / 91
　　6.1　概述 / 91
　　6.2　森林生态系统核算技术 / 92
　　6.3　草地生态系统核算技术 / 96
　　6.4　湿地生态系统核算技术 / 100
　　6.5　小结 / 103

第7章　环境综合核算技术 / 105
　　7.1　概述 / 105
　　7.2　水污染负债核算技术 / 109
　　7.3　大气污染负债核算技术 / 118
　　7.4　土壤污染负债核算技术 / 126
　　7.5　小结 / 133

第8章　自然资源资产负债表编制与更新系统 / 135
　　8.1　系统概述 / 135
　　8.2　系统需求分析 / 136
　　8.3　系统总体设计 / 138
　　8.4　系统实现与应用 / 142
　　8.5　小结 / 156

第9章　自然资源资产负债表编制技术的启示和发展 / 157
　　9.1　自然资源资产负债表编制的启示 / 157
　　9.2　自然资源资产负债表编制技术的应用方向 / 160
　　9.3　自然资源资产负债表编制技术的发展方向 / 161

参考文献 / 163
附　　录 / 166

第1章
自然资源资产负债表编制技术概述

"自然资源资产负债表"的概念是在党的十八届三中全会通过的《中共中央关于全面深化改革若干重大问题的决定》中首次被提出来的。在此之后,政府和学界围绕自然资源资产负债表的理论基础、编制思路、技术方法等展开了大量的研究。本章主要介绍自然资源资产负债表编制的若干基本概念、国内外研究现状、基本原则及总体技术路线。

1.1 若干基本概念

自然资源,是指在一定的经济、社会技术条件下能够为人类带来利益的各种自然生成物或这些若干自然生成物的聚合及生成这些自然生成物的环境和功能。

自然资源资产,是指具有稀缺性、有用性(包括经济效益、社会效益、生态效益)以及产权明确的自然资源。应符合自然资源的所有权或者使用权属于本核算主体、此项资产可以在将来给核算主体带来直接或间接收益,以及该资源的成本或者价值能够可靠计量等基本要求。

自然资源负债,是由于核算主体以往一定时期的活动导致的自然资源过耗、环境损害和生态破坏,是应当由核算主体承担的支出。应符合自然资源负债属于本核算主体、此项负债能够可靠计量等基本要求。

核算主体,一般是指自然资源的权益主体。我国自然资源具有全民所有的属性特征,国家代表人民享有对自然资源的所有权(法律规定属于集体的自然资源除外),自然资源的开发、使用、保护等各个环节离不开国家的统筹部署与规划。因此,国家是自然资源的权益主体。政府、居民、企业和金融机构均为自然资源的使用者。国家授权政府及相关主权部门依法对自然资源实行管理权。

资源过耗,是指在社会和经济活动过程中,由于资源的不合理利用而造成的各种自然资源的过度消耗,包括过度开发利用超出其自身恢复能力的自然过耗和超过各项政策红线的政策过耗。

环境损害,是指由于人类的资源开发利用活动导致自然环境质量的下降,如大气、水、土壤环境质量损害等。

生态破坏，是指人类的资源开发利用活动造成的森林、草原、湿地等自然生态系统遭到破坏，导致这些生态系统的服务功能减弱甚至丧失。

自然资源资产负债表，是将一国或地区的所有自然资源资产分类加总形成的报表，它综合体现了某一时点上区域自然资源资产的"家底"，反映了一定时期内自然资源的使用状况及其对生态环境的影响。自然资源资产负债表体系主要由自然资源资产负债表总表、分类表、扩展表三套表组成。

资源核算，是指对一定时间和空间内的自然资源，在合理调查评估的基础上，从实物和价值两方面统计、核实、核定其总量和结构的变化及其利用状况。

环境核算，是指通过科学调查评估以及建立一系列模型方法，对一定时间和空间内人类活动对环境质量及人类生活产生的变化进行核算，包括实物量核算和价值量核算两个部分。

生态核算，是通过一定的指标体系、模型方法，对人类活动造成生态破坏或恢复导致的一定空间和时间内生态系统功能的变化进行核算的过程，包括实物量核算和价值量核算两个部分。

自然资源资产负债表总表，是能够全面反映研究区核算期末自然资源资产和负债的规模、构成以及变动情况的综合账户。总表主要由三个部类构成，左边列示自然资源资产部类，即各类自然资源资产的期初值和期末值，包括土地资源、水资源、森林资源和矿产资源；右边列示自然资源负债部类和资产负债差额，其中自然资源负债部类包括资源过耗、环境损害及生态破坏。

自然资源资产负债表分类表，是反映研究区核算期自然资源资产和负债的规模、构成，以及变动情况的分类账户，可进一步由各类自然资源的辅表组成。自然资源资产负债表分类表主要包括土地资源资产负债表、水资源资产负债表、森林资源资产负债表和矿产资源资产负债表，各类自然资源资产负债表由资产、负债与资产负债差额三大部类组成，左边列示各类自然资源资产明细，右边列示各类自然资源负债明细及资产负债差额。各类自然资源辅表是为核算上述主表对应的各类自然资源资产和负债的数量、结构、变化状况的辅助账户，表格形式因资源类型不同而有所差异，在确保准确性及可靠性的前提下，对核算期内区域的各类自然资源的资产和负债情况进行最详细的记录和统计，为分类自然资源资产负债表编制提供数据支撑。

自然资源资产负债表扩展表，作为自然资源资产负债表的补充说明，全面反映研究区环境生态整体状况的综合核算表，包括环境综合核算和生态综合核算两方面。其中环境核算按照要素可进一步分为水环境、大气环境、土壤环境三方面，包括实物量核算和价值量核算两部分内容；生态核算主要是对研究区自然生态系统的调节服务功能进行核算，按照生态系统类型可进一步分为森林、草地、湿地等类型，包括实物量核算和价值量核算两部分内容。

1.2 国内外研究现状

1.2.1 研究背景

党的十八大报告将生态文明建设放在十分突出的地位,并将其与经济建设、政治建设、文化建设和社会建设并列,纳入建设中国特色社会主义"五位一体"总体布局,明确提出"大力推进生态文明建设,加快建立生态文明制度,要把资源消耗、环境损害、生态效益纳入经济社会发展评价体系,建立体现生态文明要求的目标体系、考核办法奖惩体制。"党的十八届三中全会通过的《中共中央关于全面深化改革若干重大问题的决定》指出,"完善发展成果考核评价制度,纠正单纯以经济增长速度评定政绩的偏向,加快建立国家统一的经济核算制度,编制全国与地方资产负债表","探索编制自然资源资产负债表,对领导干部实行自然资源资产离任审计,建立生态环境损害责任终身追究制"。

生态文明建设是中国特色社会主义事业的重要内容,关系人民福祉,关乎民族未来。2015年4月5日,中共中央、国务院发布了《关于加快推进生态文明建设的意见》,指出要充分认识加快推进生态文明建设的极端重要性和紧迫性。明确提出要"健全政绩考核制度,探索编制自然资源资产负债表,建立结合资源消耗、环境损害、生态效益等指标的社会经济发展综合评价考核体系"。9月21日,中共中央、国务院印发《生态文明体制改革总体方案》(以下简称《方案》),再次强调要"探索编制自然资源资产负债表,制定自然资源资产负债表编制指南,构建各类资源资产和负债核算方法,建立实物量核算账户,并在市县级层面开展自然资源资产负债表编制试点。定期评估自然资源资产变化状况"。《方案》将"完善生态文明绩效评价考核和责任追究制度"列为生态文明体制改革的八项制度之一,具体包括了探索编制自然资源资产负债表、建立生态环境损害责任终身追究制等内容。探索编制自然资源资产负债表已经成为生态文明建设的重要举措。

为贯彻落实党的十八大和十八届三中全会精神,国家发改委、财政部等六部委于2013年底联合开展了"生态文明先行示范区建设"工作,在全国范围内遴选生态文明先行示范区,为地区乃至全国生态文明建设积累有益经验,树立先进典型,发挥示范引领作用,加快推进生态文明建设。自然资源资产负债表编制以及相关制度体系建立,是党的十八届三中全会提出的崭新理念,目前没有现成的、直接可以操作的模式,国内外尚未见其编制先例,需要大胆地探索。

为贯彻落实党中央、国务院重大决策部署,中国科学院于2014年率先启动了"自然资源资产负债表原型研究与应用"项目,开展相关理论与应用研究。2014年6月与9月,在国家发改委的积极推动下,湖州市政府、承德市政府先后委托中国科学院地理科学与资源研究所开展"自然资源资产负债表编制"工作。在这些项目的支持下,研究团队系统整理并建立了湖州、承德两市的自然资源资产数据库,探索了自然资源资产负债表编制的框架体系与技术方法,编制了湖州、承德两市及各县区主要自然资源资产负债表;并在此基础上,分别开展了湖州、承德两市的自然资源资产和生态环境损益核算,提出了湖州、承德两市的领导干部自然资源资产离任审计制度和自然生态空间统一确权登记实施方案。通过探索编制湖州、承德两市的自然资源资产负债表,为提升湖州、承德两市的可持续发展能力提供了量化依据,也为湖州、承德两市实行自然资源资产离任审计、建立生态环境损害责任终身追究制提供了科学翔实的依据,同时也在全国生态文明示范区建设中发挥了先行、示范和引领作用。

1.2.2 重要意义

编制自然资源资产负债表,就是要核算自然资源资产的存量及其变动情况,以全面记录当期各主体对自然资源资产的占用、使用、消耗、恢复和增值活动,评估当期自然资源资产实物量和价值量的存量和流量变化,实现对经济社会发展过程中的自然资源消耗及环境损害进行动态监测,进而建立相关制度体系,以确保生态文明建设与经济建设、政治建设、文化建设和社会建设协调发展。

探索编制自然资源资产负债表是贯彻落实中央生态文明建设重大决定的有效途径。生态文明建设是中国特色社会主义事业的重要内容,关系人民福祉,关乎民族未来,事关"两个一百年"奋斗目标和中华民族伟大复兴中国梦的实现。自然资源资产负债表编制工作在生态文明建设中起着承前启后的作用。探索编制自然资源资产负债表,努力摸清自然资源资产的"家底",将为推动生态文明体制和"美丽中国"建设,合理开发和可持续利用自然资源资产提供信息支撑,为领导干部自然资源资产和环境责任离任审计提供参考。

探索编制自然资源资产负债表是推进生态文明先行示范区建设、发挥示范引领作用的重要抓手。生态文明先行示范区建设既是落实中央精神的重要举措,也是生态文明建设的重大战略部署,体现了"既要金山银山,更要绿水青山,坚持绿水青山就是金山银山"的生态理念。探索编制自然资源资产负债表是生态文明先行示范区制度创新的重点任务之一。紧紧围绕生态文明建设,先行先试,大胆探索编制自然资源资产负债表,是引领生态文明示范区建设的"指挥棒"、衡量引领生态文明示范区建设的"检验器",将为全国生态文明先行示范区建设积累有效经验,发挥示范引领作用。

因此,研究探索编制自然资源资产负债表是国家生态文明建设的战略需求,具有非常重要的科学价值和实践意义。

1.2.3 国内外研究进展

近年来,随着人们对可持续发展的日益关注,从资源环境约束的角度出发,世界银行、联合国等诸多机构均尝试对全球自然资产及其可持续性进行了研究。自然资源资产负债表的编制缘起于国家资产负债表研制与自然资源核算,将自然资本价值尽可能编列在资产负债表上已成为国内外学术界的共识。

1.2.3.1 国家资产负债表

国家资产负债表以一国总体经济存量为考察对象,反映某一时点经济体的资产负债总规模及结构状况。国家资产负债表的总量代表了该国所具有的生产和收入的创造能力,其结构反映了整个经济的资源配置状况,可为宏观调控与管理、制定国民经济中长期发展规划和调整产业政策提供基本信息。此外,国家资产负债表可以揭示部门间资产负债表之间的内在联系,用于考察金融风险在不同部门乃至国家之间的传导途径。编制国家资产负债表的主要目的,就是梳理政府有多少"家底",能够承受多大程度的债务压力。

国家资产负债表作为国民经济核算体系的重要组成部分,其核算对象是一国或地区经济资产的存量。从核算内容看,国家资产负债表核算的资产包括非金融资产和金融资产两大项,其中金融资产包括国内外各种金融债权、储备资产等。非金融资产界定比较复杂,须满足拥有交易记录、与金融资产和负债相匹配以及具有某种合理可行估值方法三个条件,主要包括固定资产、存货和其他非金融资产(资源资产、无形资产等)。国家资产负债仅指金融负债,是一国或地区内所有机构单位的债务,无实物对应项。国家资产负债表中,资产与负债的差额为净资产,对应于企业资产负债表中的所有者权益。一般来说,纳入国家资产负债表的经济资产必须同时具备明确的所有权、控制权以及效益性等特征。早在1936年,就有美国学者提出将企业资产负债表应用于国民经济核算的构想。而国家资产负债核算开始作为一种成熟的核算方法进入人们视野,则是在20世纪60年代。美国经济学家Goldsmith作为该领域的开拓者,尝试将资产负债表的分析功能引入国家治理,开始研究国家资产负债表,并随后试编了美国20世纪初至80年代若干年份的综合和分部门的资产负债表,对各构成项目的结构和变化趋势进行了详细的分析。1966年,英国经济学家Revell试编了1957—1961年英国国家资产负债表,以此讨论了国家资产负债表编制的部门分类、资产范围和分类、估值方法、数据来源等理论和技术问题。自1975年以来,该表被正式纳入官方统计,英国国家统计局以蓝皮书形式每年定期发布国家资产负债表和部门资产负债表。自20世纪70年代起,日本、苏联、加拿大、澳大利亚和捷克等国家也开始了国家资产负债表的研究。1972年,为研究日本金融发展状况,Goldsmith着手编制了日本自明治时期起的国家资产负债表。90年代后期,日本将国家资产负债表正式纳入国民账户体系并定期在日本统计年鉴中公布。加拿大官方于1985年首次公布国家资产负债表并对此前若干年的部分数据做了估算,编制了自1990年开始的以账面值和市场值估算的国家资产负债表。自90年代起,伴随着联合国国民账户体系理论与方法的完善,澳大利亚、加拿大、英国和日本等部分发达国家的官方统计部门开始定期公布国家资产负债表。至今,大部分经济合作与发展组织(Organization for Economic Cooperation and Development,OECD)成员国家都至少公布了不含有实物资产的金融资产负债表。自然资源是一种重要的资产,就资源依赖型国家而言,将其计入国家资产负债表,对于真实衡量一国财富具有重要意义。就资源贫乏型国家而言,摸清资源家底对于合理利用本就稀缺的资源,也尤为重要。实际从1908年起,澳大利亚统计年鉴中就对其国内各省的土地、森林、矿产、畜牧、渔业、水资源等自然资源储量进行分专题统计,但由于技术和数据等问题,未将自然资源系统地纳入国民经济账户。1959年,美国经济学家Garland等系统估算了1947—1956年澳大利亚的国民财富,并给出了简单的国家资产负债表,该估算包含了土地价值,但未计入地下资源。1993年,国民账户体系(System of National Accounts,SNA)明确了自然资源作为一种资产纳入国家资产负债表中,包括土地、地下资产、非培育性生物资源和水资源;更进一步,SNA在2008年明确定义了非金融非生产资产中的有形资产为自然资源,其明细项较前版本有所调整和扩展。1995年起,澳大利亚统计局开始尝试将自然资源和环境价值作为非生产性资产纳入国家资产负债表,在收入和生产账户中纳入资源与环境资产损耗的影响,并试图编制独立的土地核算账户。其中,作为经济资产进入澳大利亚国民账户的资源与环境资产包含地下资产、土地、森林、水资源、受某个经济主体控制的开放水域中的渔业资源五类资源,水资源和渔业资源因数据缺乏而未纳入其中。2009年,澳大利亚统计局专门总结了如何在资产负债表上反映土地资源的方法论。

中国国家统计局于20世纪80年代中期开始研究资产负债表核算,1992年把资产负债表正式纳入中国国民经济核算体系,1995年制定了统一的国民资产负债核算制度,次年起开始试编中国国家资产负债表,2004年发布了1998年的统计结果,并在2007年总结了中国资产负债表的编制方法,系统地阐述了国家资产负债表的概念与内涵、编制方法和指标,其中明确规定其他非金融资产中的有形资产主要包括土地、森林、水、地下矿藏等自然资源。但由于受核算条件的限制,此项工作还停留在统计方法和数据收集层面,缺乏系统性的政策分析及预测作用。2011年以来,在国家统计局提出的国家资产负债表框架基础上,由曹远征牵头的中国银行团队、马骏牵头的复旦大学团队和李扬牵头的中国社会科学院团队同时推进了中国的国家资产负债表尤其是政府资产负债表的编制研究,并试编3个样本。但是,由于数据来源、估算方法的多样性以及对资产与负债界定的不尽一致,以至于3份研究报告的结论存在较大的差别。首先,从数据来源来讲,各研究团队分别利用了诸多方面的数据资料,资料的差异加上对无法直接获取数据的估算差异,导致相同指标的数值有所出入;其次,从资产和负债的界定范围来看,各版本资产负债界定范围不尽一致,特别是中国社会科学院团队宽口径版本将国土资源型资产包括在内,导致中国社会科学院团队报告净资产计算结果是复旦大学团队报告的1.8倍;最后,在估算方法选择上,如中国银行团队采用的基本是反映时间序列变化特征的推测法,复旦大学团队采用的是尽可能缩小国家资产负债表与实际情况之间误差的估值法。上述的不一致性,导致3份研究报告的结论有着较大的差别,一定程度上将会影响政府决策支持能力。

1.2.3.2 自然资源核算

自然资源核算比传统核算范畴更广,包括收入和福利核算。其目的旨在提供一个连接经济活动和自然资源库内资源利用变化的信息系统,它可以避免一个国家陷入增长假象,即经济繁荣和严重的环境与健康危害相伴随,甚至造成经济"空心化"现象。自然资源核算旨在通过定量分析自然资源枯竭和退化来评估经济活动和经济增长的可持续性。自然资源核算将环境价值纳入传统核算范围之内,并与经济活动关联起来,以提示经济活动如何利用自然资源和影响环境。

国内外有关自然资源/环境核算研究,主要以 1992 年"世界环境与发展大会"作为分水岭。1992 年之前,国际社会进行了近半个世纪漫长而艰辛的探索,期间主要学术活动有:英国经济学家约翰·希克于 1946 年首次提出了绿色 GDP 思想,西方国家 1953 年提出了国民账户体系(SNA),苏联 1973 年提出了物质产品平衡表体系(System of Material Product Balances,MPS),西方国家及部分发展中国家于 20 世纪 80 年代相继开展的资源环境核算研究工作。这一时期部分国家及国际组织纷纷开展了自然资源/环境核算理论、方法的研究和实施方案以及相关法律的探索与实践。值得一提的是,SNA 与 MPS 的提出与应用对评估与指导宏观经济运行产生了积极的作用。但二者均存在较大缺陷:MPS 以计划经济为背景,强调只有创造物质产品和增加产品价值的劳动才是生产劳动,把一切非物质性服务视为非生产性劳动,与实际经济运行不相符;SNA 只重视经济产值及其增长速度,而忽视资源基础和环境条件,造成经济发展过高估计和资源"空心化"现象。20 世纪 80 年代西方各国在自然资源/环境核算领域的探索工作正是在此背景下开展的。受意识形态与政治环境影响,中国一度采用 MPS,直到 20 世纪 80 年代末才完成了由 MPS 向 SNA 的转变。同期我国自然资源核算研究处于借鉴、仿效和摸索阶段,相关研究零星破碎,但已引起有关部门和部分学者的注意。1992 年世界环境与发展大会的召开为环境和资源核算及国民经济账户体系的研究工作提供了新的契机。特别是 1993 年联合国统计司建立了与 SNA 相一致的、可系统地核算环境资源存量和资本流量的框架,即综合环境与经济核算体系(System of Integrated Environmental and Economic Accounting,SEEA-1993)。实际上,SEEA 概念最早是在 1991 年被提出的。SEEA-1993 是 SNA 的卫星账户体系,是可持续发展经济思路下的产物,主要用于在考虑环境因素的影响条件下实施国民经济核算,是对 SNA 账户体系的补充。2003 年,联合国修订了 SEEA-1993,简称 SEEA-2003,在概念与定义统一方面做了许多尝试。SEEA-2003 详细说明了自然资源的物理量、混合环境-经济账户及其估价方法,但未包括环境恶化的价值估价。在 SEEA 的影响下,国际社会陆续推出了《欧洲森林环境与经济核算框架》(The European Framework For Integrated Environmental and Economic Accounting For Forests,IEEAF,即 IEEAF-2002)、《联合国粮农组织林业环境与经济核算指南》(Manual for Environmental and Economic Accounts for Forestry:A Tool for Cross-sectoral Policy Analysis)等。这说明,资源环境核算已从理论体系摸索阶段过渡到实际核算和实践阶段,如印度的森林资源核算和博茨瓦纳的水资源核算等,并对国民经济正常运行提供了重要的决策依据。2012 年,SEEA 中心框架(简称 SEEA-

2012)应运而生。SEEA-2012 中心框架是联合国将其提升到国际统计标准的积极尝试,该框架增加了环境退化及相关措施和评估方法的讨论。

回顾国内自然资源环境核算研究,其起步阶段基于 1988 年国务院发展研究中心开展的"自然资源核算及其纳入国民经济核算体系"研究。随后,在 1994 年正式批准的《中国 21 世纪议程》中明确要求建立环境与经济综合核算体系。在此基础上,我国在自然资源环境核算的实际操作层面进行了相关探索。国家环保总局开展的重点课题"中国典型生态区生态破坏经济损失及其计算方法"是我国首次对典型生态区生态破坏及其保护恢复与利用的研究,是自然资源环境核算领域的重大突破。《中国国民经济核算体系(2002)》中设置了面向自然资源的实物量核算表,试编了 2000 年全国土地、森林、矿产、水资源实物量核算表。10 余年来,在 SEEA 框架理论与方法指导下,中国国家统计局与国际组织、有关国家以及国内相关部门积极合作,包括联合国统计司,挪威统计局,加拿大统计局,以及中国生态环境部、自然资源部、水利部、国家林业局等,积极探索资源、环境计量与核算,在森林资源、水资源、能源资源、环境污染、矿产资源及旅游资源等领域开展了试点工作。

1.2.3.3 国际经验

从国外自然资源核算发展和实践来看,主要分为三个阶段:一是建立自然资源核算账户,进行实物量与价值量核算;二是自然资源核算账户开始与传统国民经济核算体系建立联系,三是联合国开始建立环境经济综合核算国际标准并推荐各国使用。具体来看,部分国家已经开始编制自然资源资产负债表的探索。

(1)美国:20 世纪 90 年代中期,美国经济分析局公布其资源环境与经济综合核算体系,实施资源环境核算的计划。目前,已经完成对地下矿产资源和森林资源的核算。2000 年,美国联邦政府会计准则咨询理事会陆续发布了对木材和矿产等 8 类自然资源资产的划分规范,以及对其进行确认、计量和披露等的会计准则。美国一般采用市场估价法对于自然资源的计量,自然资源信息是在联邦政府要求的附加信息或者管理责任信息部分进行披露。

(2)英国:英国于 2011 年公布自然资源资产负债表编制计划。政府的资产负债表中包含了自然资源资产的价值,主要包括土地、木材和石油等。其中,土地和木材被作为政府非流动资产进行核算,石油则使用市场公允价值进行核算。

(3)荷兰:荷兰的环境经济综合核算系统建立在国民经济核算矩阵基础之上。通过进一步拓展,生成与环境有关的两组账户,即环境物质账户和环境主题账户,然后将其组合到矩阵中产生一系列描述环境与经济关系的指标,用以说明本国的能源使用效率和可持续发展水平等,以此进一步判断经济增长对资源和环境产生的压力是否已经超过了可持续发展的阈值。

(4)挪威:在世界上第一批建立环境账户的国家中,挪威是其中之一。挪威从 1970 年开始持续收集渔业、森林和矿产等数据,并不断扩大其资源账户,把空气污染物的排放量也逐步纳入账户进行核算。国民经济模型是挪威环境账户的基础,决策者可以借助该模型来评估能量交替增长的决策。

（5）菲律宾：菲律宾于1990年创建环境账户，建立了包括非市场商品和服务的环境在内的一切经济投入和产出账户。菲律宾采用的核算方法包括：收集薪材和废物的处置信息，并运用货币价值对空气、水、土地所提供的服务进行估计，并直接将其列入服务消费中。

国际经验表明，实现可持续发展不仅要依靠环保治理措施，还需要一系列金融手段来改变资源配置的激励机制，让资金从污染性行业退出，进入绿色环保产业。目前，以绿色信贷、绿色债券、绿色保险等为主要形式的绿色金融工具在众多国家迅速发展，市场规模不断扩大。如何将绿色金融与自然资源资产负债表相结合，进而促进绿色金融发展，是近年来各国绿色金融实践的重点。鉴于绿色银行、绿色债券、绿色保险领域业务的发展必须基于相关的数据统计和评估，自然资源资产负债表可以为这些业务的发展提供基础。

1.2.3.4　国内研究进展

（1）自然资源资产负债表编制理论研究进展

国内对于自然资源资产负债表编制的理论研究起始于党的十一届三中全会前后，不少学者积极探索自然资源资产负债表编制工作的意义。虽然不同学者对于自然资源资产表编制意义的表达有所不同，但是由于"自然资源资产负值表"这一构想的提出本身就具有一定的目的性，因此学术界对于自然资源资产负债能够反映自然资源"家底"和生态环境状况，促进生态文明建设以及对领导干部管理审计这一用途基本达成共识，将生态环境绩效纳入政绩考核中也标志着我国自然资源资产由"管理"迈向了"治理"。目前，自然资源资产负债表编制仍处于起步阶段，在明确了自然资源资产负债表编制意义的基础上，我国学者基于不同理论对自然资源资产负债表进行研究：商思争等（2016）采用公众受托责任理论、会计理论、资源环境统计学理论提出了海洋资源资产负债表编制理论框架体系，高敏雪（2016）采用自然资源核算理论设计了自然资源资产负债表表式结构，对自然资源资产负债的内涵进行延伸，刘思旋等（2015）采用环境会计理论提出了自然资源实物计量与自然资源资产价值评估的基本方法，陈艳利等（2015）对自然资源资产负债表的关键概念进行厘定。不同学者从不同的理论角度对自然资源资产负债表的核算方法、报表体系等进行了研究。

自然资源资产负债表的构成要素已达成共识，即自然资源资产、自然资源负债和自然资源净资产。胡文龙（2015）借鉴SEEA和SNA，将自然资源资产分为土地、林业、水、矿产和能源资源，并指出由"环境负债"和"自然资源负债"共同构成自然资源资产负债表中的负债项。封志明（2015）借鉴国家资产负债表，提出了由资产、负债、资产负债差额三项构成的自然资源资产负债表，其中负债来源包括资源耗减、环境损害和生态破坏，在对资源价值化的过程中，优先选择可以进行市场比较的市场价格法。肖序（2015）系统地总结了自然资源资产的核算对象，主要包括土地、海洋、矿产、能源、水、森林，在"净资产＝资产－负债"的基础上探索性地提出了包括自然资源资产实物核算表、价值表、自然资源质量表、自然资源资产负债总核算表等的报表体系,提出用市场法和净现值法实现自然资源的价值化。

(2) 自然资源资产负债表编制方法研究进展

目前对负债表编制的技术原则已在学术界基本达成共识,从分类到综合、从实物到价值、从存量到流量、从理论到实践的原则对自然资源资产负债表的编制起到引领并规范的作用。自然资源资产负债表的实物量核算大多基于 SEEA 与 SNA,例如,李伟(2015)从土地、水、森林、矿产对自然资源核算,从水环境、大气环境和土地环境三方面进行自然环境核算和环境污染治理与保护核算。将自然资源价值化是编制自然资源资产负债表的重点与难点问题之一,采用的方法大多来源于自然资源核算,常用的价值化方法包括市场价格法、支付意愿法和成本法。

结合构成自然资源资产负债表的基本要素,目前已形成比较明确的与核算内容相对应的表示结构,这赋予了自然资源资产负债表在时间和空间上的可对比性。高敏雪(2016)通过将自然资源实体和围绕管理所形成的自然资源使用权益分开,提出了包含三层架构的自然资源核算体系。黄溶冰(2015)通过分析国际经验,认为自然资源资产负债表的编制可以将实物量数据作为报表附注内容,为价值量核算提供基础数据,形成嵌入式或独立式等模式的核算体系。李莹等(2017)提出在对自然资源价值化的过程中应考虑到经营性价值和公益性价值,设计了由土地、水利、矿产等组成的表式结构。李金华等(2016)主张在国家资产负债表的基础上建立自然资源资产负债表,并作为卫星账户与其接轨。封志明等(2017)借鉴 SNA 和 SEEA 中资产负债表的表式结构,以湖州市和承德市为研究区域,分别设计了总表-主表-辅表和总表-分类表-扩展表两套报表体系,全面反映区域自然资源的变化以及自然资源利用过程中产生的环境损害和生态破坏,是目前最具代表性、科学性和实用性的自然资源资产负债表编制体系之一。

(3) 自然资源资产负债表编制实践研究进展

现阶段自然资源资产负债表编制的理论框架体系尚不完善,存在着诸多争议,因此,以某一区域的相关数据进行自然资源资产负债表编制研究的文章较少,薛智超等(2015)、季曦和刘洋轩(2016)分别以土地资源和矿产资源为例,探索性地对自然资源资产负债表进行具体详细的设计。在编制自然资源资产负债表的过程中需要大量的基础数据,江东等(2015)提出了建设自然资源时空数据库来整合自然资源信息。

在地方层面上,德稻环境金融研究院与三亚市政府合作完成了三亚市 2014 年自然资源资产负债表的编制,是我国首个完成自然资源资产负债表的地级市,研究结果表明,该市自然资源价值为两千多亿元,是三亚市 GDP 的 5 倍以上,自然资源资产价值量巨大。2015 年 7 月,我国第一张比较系统全面的市/县自然资源资产负债表(湖州市、安吉县自然资源资产负债表)编制完成。2015 年,深圳市大鹏新区完成了自然资源资产负值表的编制,主要对林地、湿地、沙滩等共 10 类自然资源分别进行了实物量价值和生态系统服务价值核算,构成总分结构的报表体系。

1.2.3.5 共识与争议

自然资源资产负债表的理论基础主要来源于 SNA 和 SEEA 两大体系中的环境资源核算,虽然表示结构还没有统一的格式,但"净资产＝资产－负债"这一平衡关系基本得到共识。封志明(2014)提出的"先实物再价值、先存量再流量、先分类再综合"的自然资源资产负债表技术原则受到广大学者的认可,成为自然资源资产负债表公认的编制原则。

当前编制自然资源资产负债表存在的最大争议主要集中在两个方面:一是自然资源的价值量核算问题,二是负债的界定与核算问题。由于自然资源种类繁杂、功能多样,因此难以用单一的方法对资源进行价值化,目前尚无统一的价值核算体系,学术界提及的方法主要有市场法、收益还原法、支付意愿法,如何将国际经验进行中国化以便更精准地核算各类自然资源价值,是当前的热点研究之一。自然资源资产负债表能通过"负债"反映区域自然资源在核算期内的消耗情况,负债项既是重点也是目前最具争议的问题之一,一定程度上是由于 SNA 和 SEEA 中没有对负债的具体含义做出明确的表达。耿建新(2015)建议将环境保护支出作为功能账户考虑,他认为资源只以资产的形式提现,不存在负债部分。李金华(2016)主张将自然资源消耗作为自然资源资产负债,而高敏雪(2016)则认为应根据自然资源消耗的红线即"过度消耗"部分作为负债确定的依据,这一观点得到了大多数学者的支持。

1.2.4 小结

总体来讲,作为一种基于存量视角的分析框架,自然资源资产负债表不仅对区域经济增长、金融结构、财富分配有着极为重要的理论价值,对资源利用、环境损益、发展方式及可持续发展同样有着重要的现实意义。提供一套可扩展、可修正、可延伸的自然资源资产负债表编制方法与分析框架,并在谨慎搜集、科学估算各类数据的基础上,剖析区域及部门资产负债表,并尝试运用这一分析框架,审视当前中国面临的资源耗减、环境恶化、发展可持续性、政府转型等一系列重大问题,是健全资源节约利用、生态环境保护体制的重要途径。但就目前而言,自然资源资产负债表编制尚无国际先例,联合国统计司最新研发的《综合环境与经济核算体系》作为一种国际自然资源与环境核算统计标准在包括中国的许多国家得以实践与推广应用。国内科研机构在汲取国内外资源环境核算和国家资产负债表编制经验的基础上,从表式设计、资源核算开始自然资源资产负债表探索研究,多个生态文明先行示范区开展了自然资源资产负债表编制研发与设计。2015 年 7 月湖州市/安吉县自然资源资产负债表编制完成,这是中国第一张比较系统全面的市/县自然资源资产负债表。2015 年 11 月中办、国办联合印发《编制自然资源资产负债表试点方案》,中国自然资源资产负债表编制正式开始实物表编制试点。目前,中国自然资源资产负债表编制尚在探索阶段,亟待突破原型设计、负债核算与资产价值化等关键技术,从分类到综合、从实物到价值、从存量到流量、从理论到实践,实现编制技术的标准化、规范化与计算机化。

1.3 基本原则

自然资源资产负债表编制技术的基本原则主要围绕发展完善自然资源资产负债表编制的方法论,突破原型设计、负债核算与资产价值化等关键技术,从分类到综合、从实物到价值、从存量到流量、从理论到实践,研究提出自然资源资产负债表编制技术与编制标准或规范并起到引领和示范作用。

1.3.1 实物和价值并重

实物量核算是资源环境经济核算的第一步,可以充分利用资源环境统计数据,反映区域资源环境的本底;价值量核算则是在实物核算的基础上通过估价进行的综合性核算,只有价值核算才能获得相应的总量指标,对发展过程和结果做出综合性的评价,因此,价值量核算是不可或缺的。二者之间的关系在于,实物量核算是价值量核算的基础。

1.3.2 数量和质量并重

自然资源是数量与质量的统一体。自然资源"数量"列报是最为成熟的,需要在自然资源资产负债表中列示自然资源的期初存量、本期增量、本期减少量和期末存量。自然资源资产质量列报也很重要,反映了人类活动所导致的生态环境效应。质量列报只需要列示期初和期末值即可,明确自然资源的质量衡量指标是关键。

1.3.3 存量和流量并重

自然资源资产负债表的编制,一方面要记录区域在某一时点时的自然资源资产数量和结构,进行自然资源资产存量的核算;同时,要将当期资源利用消耗纳入相应时段的自然资源流量,包括增加、减少的变化量核算。二者的联系在于,当期对资源环境的消耗利用,是构成自然资源资产存量减少的主要因素。

1.3.4 加法与减法结合

自然资源资产负债表编制的主线是揭示经济过程对资源环境的利用,从而显示对资源环境所具有的负面影响。但伴随越来越多的资源管理和环境保护活动在现实经济体系中发生,已经构成抵御对资源环境不良影响的重要因素。因此,必须在自然资源资产负债表编制中包含对资源管理和环境保护活动的核算,即既包括资源数量增加、环境质量改善效益与生态保护效益的核算(加法),也有资源耗减、环境质量退化、生态系统破坏的核算(减法)。

1.3.5 分类与综合结合

自然资源资产负债表是一系列"分表"与"总表"构成的一套表。其中,"分表"对所涉及的各类自然资源资产和生态环境进行详细的分解,提供核算期内自然资源资产存量、流量、数量、质量的详细图景;"总表"对核算结果进行高度综合,形成以"资产-负债"为核心的一组关键总量指标体系,用于对区域生态文明建设成果的评价。

1.3.6 科学与实用结合

自然资源资产负债表编制是一项探索性工作,没有先例可循。因此,探索编制自然资源资产负债表,一方面,需要坚实的资源、环境、经济学等学科的理论与方法作为支撑,在指标体系、模型方法、技术流程、数据处理等多个环节,最大程度实现数据的准确可靠、方法的适用可行、结论的可靠可信;另一方面,自然资源资产负债表编制是一项实操性工作,具有很强的应用性。因此,探索编制自然资源资产负债表,宜结合实际情况,从内容到方法,在掌握科学性的同时,注意可操作性,最大程度实现科学性与实用性的有机结合。

1.4 总体技术路线

1.4.1 总体思路

1.4.1.1 与国家生态文明制度建设体系相契合

自然资源资产负债表编制工作是国家生态文明建设的重要组成部分。因此,自然资源资产负债表编制的指导思想、基本思路、核算内容等方面,都应契合国家生态文明制度建设体系的要求。特别是核算指标体系的设计,要紧紧围绕国家、地区资源管理与生态环境保护的工作重点予以列报,要与国家、地区的资源环境政策导向一致,为国家经济与资源环境管理服务。

1.4.1.2 借鉴国际经验发展中国特色编制体系

尽管国内外尚无成熟的自然资源资产负债表编制体系可供借鉴,但20世纪80年代以来国际上逐步开展的资源环境核算实践为自然资源资产负债表编制工作提供了宝贵经验。因此,我国自然资源资产核算体系一方面要借鉴国际上的经验,尽可能与国际通用的核算框架相接轨。另一方面,还要考虑到资源环境问题具有明显的地域性特征,基于不同的管理目标各国进行资源环境核算的基础也存在很大差异。我们也要参照中国实际情况,在核算内容、表式设计等方面依托现有的自然资源统计、环境统计体系,以及绿色国民经济核算等方面已经取得的实践经验,在此基础上,发展中国特色的自然资源资产负债表编制体系。

1.4.1.3 统筹兼顾自然资源的多功能特性

自然资源要素对于经济体系不仅有资源功能,为经济体系提供基本物质资料,同时还具备接受经济体系排放废弃物的受纳功能,以及为包括人类在内的生命提供景观和栖息地等的生态服务功能。这些功能汇集起来,是经济体系赖以存在的基础,也就是自然资源资产。由此,自然资源资产负债表的编制,不仅要考虑自然资源资产的资源功能,核算资源存量和被当期经济活动所消耗利用的数量,同时还要考虑资源环境的受纳和生态功能,就环境质量状态及由于经济活动所导致的污染和生态效应进行核算。

1.4.1.4 不过分追求严格的会计报表平衡关系

提到资产负债表,人们往往容易追求"平衡",即"资产＝负债＋净资产(权益)"的大平衡关系,以及"有借必有贷,借贷必相等"的项目平衡关系。作为对某一组织经济关系的描述,这些平衡关系在微观的企业资产负债表是存在的。但作为自然资源资产负债表,"资产"与"负债"并不存在一一对应的关系,大可不必一定追求数据关系的平衡。目前,自然资源资产负债表的定位应该为"管理报表",可以在个别项目的勾稽关系上实现平衡或对应,但不一定非要遵循会计报表的平衡关系。

1.4.1.5 充分依托现有统计体系

自然资源资产负债表编制与政府进行宏观经济管理和可持续发展与利用自然资源相关,使政府能够据以了解资源环境的过去、现状、未来,为政府制定地区发展战略、制定经济社会政策甚至调控经济运行提供依据。由此,自然资源资产负债表编制的相关信息必须真实可靠,具有法律效力,能如实反映资源环境的赋存、开发、利用、消耗、破坏等情况;其计量口径、计量方法等也要相一致,并且相互可比。因此,为提高自然资源资产负债表编制的可操作性、实用性,自然资源资产负债表的编制应依托现有统计体系为其主要数据来源

1.4.1.6 在实践中不断发展与完善

自然资源资产负债表的编制是一项涵盖了自然-经济-社会复合系统的诸多领域,是一项复杂的系统工程,由此决定了其编制研究是一个长期的过程,需要在实践中不断扩展、不断修正。鉴于目前自然资源资产核算仍然处于探索过程之中,将区域的自然资源资产全部纳入自然资源资产负债表,进行全面的自然资源资产负债核算及账户的编制尚难以实现。同时,现实的自然-经济-社会复合系统中,任何区域的资源环境系统和经济社会系统都是动态、发展的,自然资源资产负债表编制理应将其反映其中。因此,可以根据不同的区域条件,突出重点,先行先试,在实践中不断吸收新的内容、方法,在不断归纳总结中形成自然资源资产负债表编制的理论系统和实践体系。

1.4.2 对象与目标

1.4.2.1 对象

自然资源资产负债表的核算对象适用于省、市或县级行政区域。核算范围包括该行政区域内的土地资源、水资源、森林资源与矿产资源,以及它的环境质量与生态功能。其中,土地资源核算内容包括耕地、园地、林地、草地、水域及水利设施用地,并向下细分至二级;水资源包括区域内的河流、湖泊、人工水库等地表水资源以及地下

水资源和水域面积资产;森林资源核算包括林木资产和林地资产;矿产资源核算包括能源矿产、金属矿产与非金属矿产;环境核算重点包括大气环境、土壤环境和水环境;生态核算主要包括森林生态系统、草地生态系统和湿地生态系统。

1.4.2.2 目标

通过编制自然资源负债表,不但能够显示核算区域内的自然资源资产"家底",体现自然资源利用的强度与趋势,反映一定时期内自然资源资产的变化情况及其资源开发利用导致的资源过耗、环境损害和生态破坏,为该区域提高自然资源利用效率,促进自然资源合理开发和永续利用提供信息支撑,为建立生态环境损害责任终身追究制提供科学、翔实的依据,还可以详细描述核算区域内自然资源资产负债表编制的技术环节与过程,包括表示结构、模型方法、技术流程、资料来源、注意问题等,从而实现该区域自然资源资产负债表编制的规范化和标准化,同时也为自然资源资产负债表编制技术向其他地区推广和应用提供技术支撑。

1.4.3 技术路径

自然资源资产负债表的编制是一项复杂的系统工程,应该遵循"先试点、再推广"的编制模式,以及"先实物后价值、先存量后流量、先分类后综合"的编制路径。同时注意加强基础数据的收集、技术方法的优化等相关工作。

首先,实物核算是价值核算的基础,价值核算是目标。鉴于我国资源环境统计资料的缺失,加上自然资源资产的估价方法的争议性,以及我国自然资源产权制度和交易制度的不完整,应优先建立自然资源资产实物账户。在保证指标体系科学性以及数据完整的前提下,在典型区域试算价值账户,并根据实际情况不断完善自然资源资产负债表价值量核算体系。其次,存量核算反映的是某个时点自然资源资产的状况,流量核算是对核算期内自然资源的动态变化进行统计,两者之间相互联系,亦可相互转化。但流量核算涉及部门众多,目前尚不能实现对每一类资源在整个国民经济体系中从投入到产出完整链条的定量计量。因此,自然资源资产负债表的编制可以先存量、后流量,优先编制自然资源资产存量表;最后,自然资源综合核算可以反映区域自然资源资产总量的整体变化情况,亦可反映出资源利用的综合效率情况。但区域自然资源资产包含的范围十分广泛,而且其中相当一部分自然资源资产核算的理论基础与核算方法尚无公认的标准,基础数据资料也难以获取。因此,建议优先分门别类建立自然资源资产账户,开展自然资源资产的分类核算,在此基础上,进行区域自然资源资产综合核算,建立区域自然资源资产负债表。

1.4.4 适用范围

本书的技术体系适用于省、市或县级政府相关部门在编制自然资源资产负债表时参考。需要注意的是,不同地区使用时,应该针对当地实际情况,对指标体系、表式结构、技术流程等做相应调整。

第 2 章 自然资源资产负债表编制框架体系

自然资源按其属性有多种类型，基于其重要生态环境功能、容易形成过耗造成短期不可逆损失等特点，一般可以选择土地、水、森林、矿产资源等作为核算主体。不同自然资源之间的禀赋差异很大，其生态功能、环境质量也存在较大不同。本章遵循存量到流量、实物到价值、分类到综合的编制路径，分别从资源、环境、生态角度提出自然资源资产负债表的表式结构与报表体系。

2.1 自然资源资产负债表表式结构

2.1.1 自然资源资产负债表总表

针对每类自然资源，围绕实物量及其价值量增减变化，全面反映核算时点的自然资源资产和负债的规模、构成以及变动。借鉴资产负债表的通用表式，主栏为自然资源资产、负债以及资产负债差额项目三大类，其中自然资源资产包括土地资源、水资源、林木资源和矿产资源资产等，自然资源负债包括资源过耗、环境损害与生态破坏三方面，宾栏为核算期内的期初值与期末值。以湖州市和承德市为例，我们开展了自然资源资产负债表实践编制，形成了自然资源资产负债表编制的"湖州模式"和"承德模式"。无论是湖州市，还是承德市，其自然资源资产负债表总表（表2.1）都是一张形神兼备的资产负债表，是一张价值量表。

表 2.1 自然资源资产负债表（总表）

科目编号	资产类	期初值	期末值	科目编号	负债类	期末值
101	土地资源			201	资源过耗	
	耕地				土地资源	
	林地				水资源	
	草地				森林资源	
	园地				矿产资源	
	水域及水利设施用地					

续表

科目编号	资产类	期初值	期末值	科目编号	负债类	期末值
102	水资源			202	环境损害	
	水量				大气环境	
	水域				水环境	
					土壤环境	
103	森林资源			203	生态破坏	
	林木				森林生态系统	
	林地				草地生态系统	
					湿地生态系统	
104	矿产资源			204	负债合计	
	非金属矿产					
	金属矿产					
	其他					
105	资产合计			301	资产负债差额	

2.1.2 自然资源资产负债表主表或分类表及扩展表

自然资源资产负债表主表或分类表,有实物量表和价值量表两种形式。例如,在湖州市自然资源资产负债表编制中,6张主表分别反映核算期内资源、环境和生态三方面的实物和价值状况,表式结构与总表构成竞合关系,可以串联处理;在承德市自然资源资产负债表编制中,4张分类表分别列示土地资源(表2.2)、水资源(表2.3)、森林资源(表2.4)和矿产资源(表2.5),分类反映各类自然资源资产存量与变化、自然资源负债数量与结构,表式结构与总表是完全一致的,可以并联加总;此外,2张扩展表是分别反映环境综合核算(表2.6)和生态综合核算(表2.7)的实物量和价值量表,是对分类表的扩展和补充,可以进一步充实和完善自然资源资产负债表总表。

表 2.2 土地资源资产负债表

编制单位: 　　　　编制时间: 　　　　　　　　　　　　单位:亿元

科目编号	资产类	期初值	期末值	科目编号	负债类	期末值
101	耕地			201	资源过耗	
102	林地			202	环境损害	
103	草地			203	生态破坏	
104	园地				合计	
105	水域及水利设施用地					
	合计			301	资产负债差额	

表 2.3　水资源资产负债表

编制单位：　　　　编制时间：　　　　　　　　　　　　　　单位:亿元

科目编号	资产类	期初值	期末值	科目编号	负债类	期末值
101	水量			201	资源过耗	
102	水域			201	环境损害	
				203	生态破坏	
					合计	
	合计			301	资产负债差额	

表 2.4　森林资源资产负债表

编制单位：　　　　编制时间：　　　　　　　　　　　　　　单位:亿元

科目编号	资产类	期初值	期末值	科目编号	负债类	期末值
101	林木			201	资源过耗	
102	林地			202	生态破坏	
	合计				合计	

表 2.5　矿产资源资产负债表

编制单位：　　　　编制时间：　　　　　　　　　　　　　　单位:亿元

科目编号	资产类	期初值	期末值	科目编号	负债类	期末
101	能源矿产			201	环境损害	
102	金属矿产			202	生态破坏	
103	非金属矿产				合计	
	合计			301	资产负债差额	

表 2.6　环境综合核算表

编制单位：　　　　编制时间：　　　　　　　　　　　　　　单位:亿元

污染物	指标	期初(1)	期末(2)	变化量(3) (3)=(2)-(1)
水污染	重金属			
	氰化物			
	COD			
	石油			
	氨氮			
	废水			
大气污染	SO_2			
	烟粉尘			
	NO_x			
固废污染	工业固废			
	生活垃圾			

表 2.7　生态综合核算表

编制单位：　　　　　编制时间：　　　　　　　　　　　　　　　单位：亿元

生态功能		期初(1)	期末(2)	变化量(3) (3)=(2)-(1)
森林	涵养水源			
	保育土壤			
	固碳释氧			
	净化大气环境			
	合计			
草地	涵养水源			
	保育土壤			
	固碳释氧			
	净化大气环境			
	合计			
湿地	涵养水源			
	调蓄洪水			
	保育土壤			
	净化水质			
	合计			
总计				

2.1.3　自然资源资产负债表辅表或辅助表

自然资源资产负债表辅表或辅助表，同样具有实物量表和价值量表两种形式。无论是湖州市，还是承德市的辅表或辅助表，均分门别类地反映核算期内各类资源资产、环境质量以及生态功能，主要包括不同资源(水、土地、林木、矿产等)、环境(水、大气、土壤等)、生态(森林、草地、湿地)要素的存量、流量、实物、价值核算表，为自然资源资产负债表主表或分类表乃至总表提供数据支持。以土地资源辅表为例见表 2.8 和表 2.9。

表 2.8　土地资源资产存量实物核算表　　　　　　　　　　　　单位：hm²

土地资源类型		期初	期末	变化量
耕地	水田			
	旱地			
	水浇地			
	合计			
林地	有林地			
	灌木林地			
	其他林地			
	合计			

续表

土地资源类型		期初	期末	变化量
草地	天然牧草地			
	人工牧草地			
	其他草地			
	合计			
园地	果园			
	茶园			
	其他园地			
	合计			
水域及水利设施用地	河流水面			
	湖泊水面			
	坑塘水面			
	内陆滩涂			
	水库及其他水利设施			
	合计			
总计				

注：表内主要平衡关系：土地利用一级类型用地存量等于相应二级类存量之和；各类用地存量总和为核算区域土地总面积。

表 2.9 土地资源资产存量价值核算表

单位：亿元

土地资源类型		期初存量	期末存量	变化量
耕地	水田			
	旱地			
	水浇地			
	合计			
林地	有林地			
	灌木林地			
	其他林地			
	合计			
草地	天然牧草地			
	人工牧草地			
	其他草地			
	合计			
园地	果园			
	茶园			
	其他园地			
	合计			

续表

土地资源类型		期初存量	期末存量	变化量
水域及水利设施用地	河流水面			
	湖泊水面			
	坑塘水面			
	内陆滩涂			
	水库及其他水利设施			
	合计			
总计				

注：表内平衡关系：变化量＝期末存量－期初存量。

2.1.4 自然资源资产负债表底表或基础表

自然资源资产负债表底表或基础表，作为自然资源资产负债表编制的基础性账户，在确保准确、可靠的前提下，详细记录与统计核算期内各类资源、环境、生态状况，记录各类资源、环境质量和生态功能变化的来源和去向以及其数量与属性，并记录各行业资源、环境利用数量与质量等属性，是编制自然资源资产负债表的元数据表格，组成数量不等。

从自然资源资产负债表编制的"湖州模式"到"承德模式"，我们认为当前我国自然资源资产负债表编制内容主要包括但不限于土地资源、水资源、林木资源和矿产资源四大类自然资源。具体来看：土地资源资产负债表（以下简称"土表"）的主要核算对象或设置的科目应该包括耕地、林地等自然用地类型的分布状况、变化情况及其质量等级等；水资源资产负债表（以下简称"水表"）应该填列包括水资源本身，如地表水、地下水的水量、水源面积及利用情况；也包括与水资源相关的管理对象或事物，如地下水埋深、水体质量；林木资源资产负债表（以下简称"林表"）则主要包括天然林、人工林和其他林木的蓄积量及林产品，还应结合不同林种、林龄的差异情况及质量进行评估；矿产资源资产负债表（以下简称"矿表"）的核算主要包括已探明储量和新开采的能源矿产、金属矿产和非金属矿产等，还应注意矿产资源的品位、等级等；未来不排除有一张海洋资源资产负债表。由此我们认为：自然资源资产负债表至少应是由1张总表（价值量表）、4张包括土地资源、林木资源、水资源和矿产资源等的主表/分类表（实物量表和价值量表）、2张生态与环境功能扩展表（实物量表和价值量表）以及若干辅助表组成的报表体系，可复制、可并联、可扩展、可推广。

2.2 自然资源资产负债表报表体系

自然资源资产负债表是一个反映自然资源拥有、消耗、结余（或正或负）、退化、更新的系统化账户，全面量化了核算区域某时点的自然资源资产的存量及其变动情况，并能够量化显示自然资源开发或维护所带来的负债和权益。特别地,自然资源资产负债表不仅是一张会计核算报表,更是一套真正意义上反映自然资源资产数量、质量、价值的综合管理报表,但应繁简适宜,不宜过多追求报表数量。将自然资源资产负债表编制理论与具体实践相结合,我们在湖州市自然资源资产编制时提出了由"1张总表+3×2张主表+72张辅表"构成的自然资源资产负债表报表体系,在承德市自然资源资产编制时发展了由"1张总表+4张分类表+2张扩展表+47张辅助表"构成的自然资源资产负债表编制的承德模式(图2.1)。

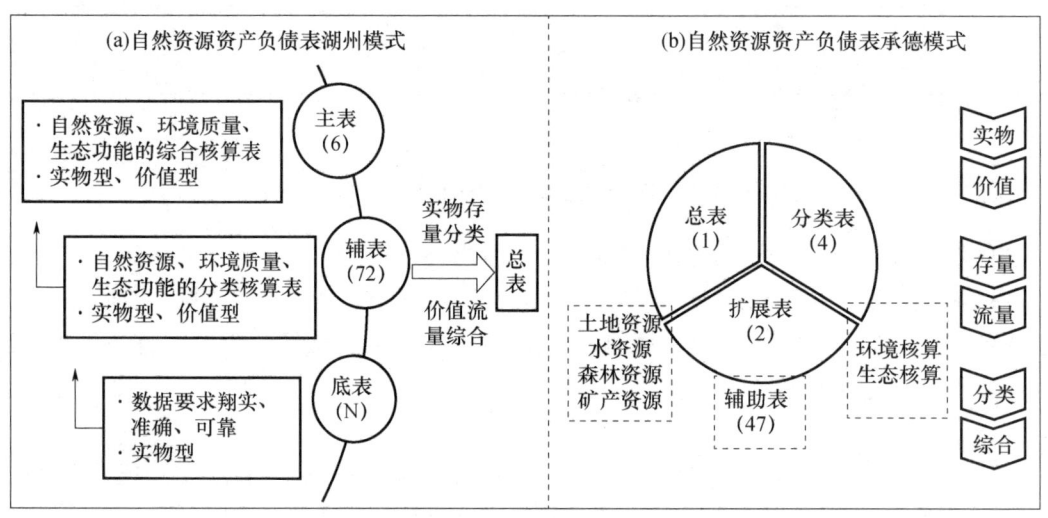

图2.1 自然资源资产负债表湖州模式与承德模式

第 3 章
自然资源资产负债表编制的若干关键技术

自然资源资产负债表编制是一项复杂的系统工程,涉及资源、环境、生态核算的若干关键技术。例如,如何设计自然资源资产负债表原型,如何核算资源生态环境的负债,如何实现自然资源资产负债的价值化,如何研发集多尺度、多要素、多数据、多方法为一体的自然资源资产负债表编制系统,等等。本章主要对自然资源资产负债表编制中的若干关键技术进行介绍。

3.1 自然资源资产负债表原型设计

发展从分类实物量表到综合价值量表,包括土地资源、水资源、林木资源、矿产资源以及海洋资源等主要类别的自然资源资产负债表的表式结构与报表体系,设计自然资源资产负债表原型,是编制自然资源资产负债表的核心技术和关键基础。

一般来说,自然资源资产负债表核算范围包括行政区域内的土地资源、水资源、森林资源、矿产资源、海洋资源等,以及它的环境质量与生态功能。具体自然资源类型的选择需要根据行政区域的具体情况来确定。其中,土地资源根据国家标准《土地利用现状分类》(GB/T 21010—2017)进行分类,一级分类重点核算内容包括耕地、园地、林地、草地、水域及水利设施用地,并向下细分至二级;水资源包括区域内的河流、湖泊、人工水库等地表水资源以及地下水资源和水域面积资产;森林资源核算包括林木资产和林地资产;矿产资源核算包括能源矿产、金属矿产与非金属矿产;环境核算重点包括大气环境、土壤环境和水环境;生态核算主要包括森林生态系统、草地生态系统和湿地生态系统等。本书暂不涉及海洋资源资产负债表编制内容。

自然资源资产负债表由三套表组成,包括 1 张自然资源资产负债表总表、4 张自然资源资产负债表分类表,以及 2 张自然资源资产负债表扩展表,分类表和扩展表又可以进一步细分为若干主表和辅表(图 3.1)。

3.1.1 自然资源资产负债表总表

总表全面反映核算期末自然资源资产和负债的规模、构成,以及变动情况的综合账户,主要由三个部类构成,左边列示自然资源资产部类,即各类自然资源资产的期

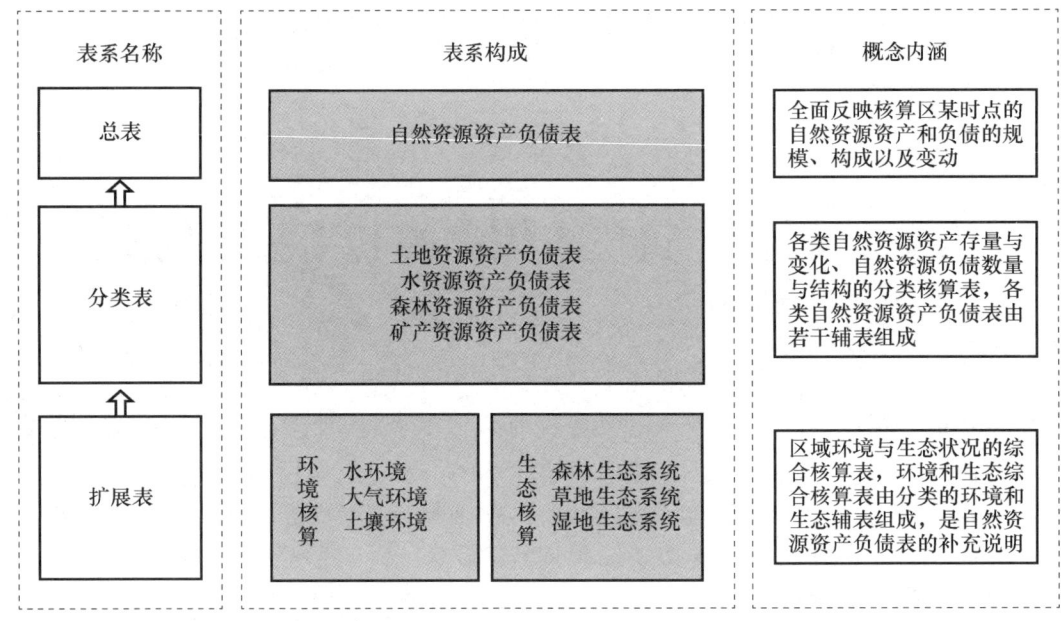

图 3.1 自然资源资产负债表的构成

初值和期末值,包括土地资源、水资源、森林资源和矿产资源;右边列示自然资源负债部类和资产负债差额,其中自然资源负债部类包括资源过耗、环境损害以及生态破坏。自然资源资产负债表总表一般为 1 张,为价值型账户。

自然资源资产负债表总表是自然资源资产负债表的最终成果输出,综合反映核算期内自然资源的使用状况及其对生态环境的影响。自然资源资产负债表总表分别列示了资产类、负债类与资产负债差额类,其中资产类一般包括土地资源资产、水资源资产、森林资源资产和矿产资源资产,负债类主要包括资源过耗、环境损害与生态破坏三项内容,二者之差构成资产负债差额。

3.1.2 自然资源资产负债表分类表

分类表反映核算期自然资源资产和负债的规模、构成,以及变动情况的分类账户,可进一步由各类自然资源的辅表组成,一般包括土地资源资产负债表、水资源资产负债表、森林资源资产负债表和矿产资源资产负债表。各类自然资源资产负债表由资产类、负债类和资产负债差额三大部类组成,左边列示各类自然资源资产明细,右边列示各类自然资源负债明细和资产负债差额,自然资源资产负债表分类表一般为 4 张价值型账户;各类自然资源辅表是为核算上述主表对应的各类自然资源资产和负债的数量、结构、变化状况的辅助账户,表格形式因资源类型不同而有所差异,在确保准确性以及可靠性的前提下,对核算期内的各类自然资源的资产和负债情况进行最详细的记录和统计,为分类自然资源资产负债表编制提供数据支撑,对应于土地资源、水资源、森林资源和矿产资源的辅助账户分别有实物量和价值量两种类型。自然资源资产负债分类表反映某一时点各类自然资源资产的存量、体现核算期内自然资源资产的变化量，揭示核算期内各类自然资源利用对生态环境的影响。根据自然资源保护和管控现实需要，可以根据实际情况选择核算具有重要生态环境功能的自然资源。

3.1.3 自然资源资产负债表扩展表

作为自然资源资产负债表的补充说明，全面反映生态环境整体状况的综合核算表，包括环境综合核算和生态综合核算两方面，为价值型表，共2张。其中，环境核算按照要素可进一步分为水环境、大气环境、土壤环境（生活垃圾、工业固废），包括实物量核算和价值量核算两部分内容；生态核算主要是对自然生态系统的调节服务功能进行核算，按照生态系统类型可进一步分为森林、草地、湿地等类型，包括实物量核算和价值量核算两部分内容。

自然资源资产负债表扩展表反映了某一时点各类生态系统功能和环境质量资产的现状、体现了核算期内该地区生态与环境状况的变化量，揭示了核算期内各类自然资源利用对生态环境的影响。但是，考虑到一方面生态环境是作为一个整体对人类经济活动和福祉产生作用，单独追踪其中某种物质的变化过程不能全面反映生态环境变化；另一方面，由于生态环境自身不断对经济活动排放的物质进行分解、吸纳、运输，其中大量物理化学过程作用机制尚不明确，作用强度难以度量。因此，在区域生态环境核算中，应设计相应指标体系对生态环境整体质量进行评测。在某个区域自然资源资产负债表的编制中，对生态环境整体质量的评测体现在该区环境核算与生态核算扩展表的编报上。

3.2 自然资源资产价值化技术

无论是从理论基础还是实践应用来说，自然资源资产负债表的总表都应该是一张价值型账户的表。如何从分类到综合、从实物到价值，实现自然资源的价值化核算，是自然资源资产负债表编制的关键技术之一。

一般来说，自然资源价值化研究中，以核算人类经济活动对自然资源资产的消耗为主旨，把自然资源资产因经济利用活动的变化、生态保护活动的变化和自然变化纳入核算体系中；系统整合归纳各种资源在多种利用方式下的价值量核算方法及其适用性，资源价值量的核算方法将考虑经济系统对资源匮乏做出的反馈，以利于自然资源资产负债状态的准确评估，并利于政府对资源可持续利用问题进行有效决策和干预。以土地资源、水资源、生物资源（森林资源）和能源资源（矿产资源）等为研究对象，在整合资源属性、资源利用过程中的环境效应以及与资源利用相关的社会经济信息的基础上，建立实物型资源核算表，并通过价值化技术得到价值型核算表，建立适宜于我国自然资源资产负债表编制的自然资源核算体系。核算体系以编表法为基础，从自然资源最基本分类入手，把人类活动中涉及资源利用与环境效应的行为纳入核算体系中，将资源、环境方面的信息与社会经济信息整合起来，最终实施较详细的分类核算。人类活动包括产业的生产行为和居民的消费行为。核算内容包括资源（包括货物与服务）提供和资源使用，核算方法涵盖其数量与质量（如土地退化）的变化。

资源价值化方法包括直接市场法、替代性市场法和假想市场法三大类。直接市场法是可以直接运用市场价格对可以观察和度量的自然资源价值变动进行测量的一类方法，具体又可分为市场价格法、净价法、维护成本法或重置成本法和成本费用法等。当所研究的自然资源本身没有市场价格来直接衡量时，可以寻找替代物的市场价格来衡量，这类方法被称为替代性市场法。替代性市场法主要有旅行费用法和收益还原法两种。假想市场法是人为地创造假想的市场来衡量自然资源的价值。假想市场法中主要包括支付意愿法、选择实验法等。不同资源具有不同的存在形态，应依据实际情况选择合适的和价值化方法。根据各国资产负债表中自然资源资产估值的经验，建议在编制自然资源资产负债表时，就其中有交易市场的自然资源宜采用市场价格法，否则采用间接估值法。

自然资源资产负债表编制中土地资源资产核算应全面整合资源属性、资源利用过程中的环境效应以及资源利用相关的社会经济信息，从最基本分类入手建立一套土地资源资产的核算体系。核算过程应遵循以下原则。①兼顾土地的经济、社会与生态属性。土地资源资产核算应综合土地的经济功能、社会功能和生态功能等多功能性特征产生的土地资源价值，并将人类的经济活动与生态保护活动对土地功能的改变纳入核算体系中，系统整合归纳土地利用过程中土地资源的价值及其变化。②兼顾土地资源数量与质量。土地利用变化在直接改变各类土地资源面积的同时，也导致土地的质量和功能发生变化，从而改变了土地资源资产价值。因此，兼顾土地资源数量与质量特征的核算体系才能准确地体现人类活动对土地资源资产的影响。③兼顾土地资源的利用与保护。即核算过程中，不仅要注意人类的经济活动对土地资源资产造成的减值，同时应注意各项生态保护活动引起的土地资源质量改善以及由此所产生的资产增值。④兼顾科学性与实用性。即核算过程中，一方面要根据土地的用途选择尽可能科学准确的价值化方法，同时应兼顾地域特点和数据来源，采用客观翔实的基础数据和科学的方法完成核算。

土地资源的实物型存量核算是对核算期内土地面积的测算，核算范围是陆地和相关内陆水域。流量核算中土地资源流量核算是按照土地利用类型分别进行。流量核算的依据是逐年土地利用变更数据，流量核算表从存量增加和减少两个维度分别统计不同的土地利用变化途径导致的各类自然地类面积的变化以及流向。价值核算主要采用市场法，核算过程中根据对变化分析的需要，可以将土地资源资产变化划分为经济、生态和自然三个维度。经济性增长是指由于人类经济活动而导致某种土地利用类型面积增加的情况。例如，由于植树等造林措施使得林地面积增加。生态性增长是指由于生态环境保护的需要而实施生态保护措施后导致的某种土地利用类型面积的增加,如退耕还林。自然性增长是指在自然过程下导致的面积增加,例如由于水分条件变化导致的草地面积的增长。一种土地利用类型的扩张终将导致另一种土地利用类型缩减,因此相应有存量减少分支。其中,经济性缩减指由于人类经济活动导致的某种土地利用类型面积减少,如开垦、建设占用。生态性缩减指由于生态环境保护的需要实施的生态保护措施导致某种土地利用类型面积的减少,如退耕。以及自然性缩减,即某种土地利用类型的面积因自然原因而减少,如草地荒漠化,湖泊、河流干涸。

水资源价值化过程中,也应遵循以下原则。①兼顾自然与社会经济水循环。要掌握研究区域的水资源禀赋特征、利用情况及变化规律,需要从全景出发,全面掌握区域水资源的获取、开发、利用、消耗、回排的全过程。自然水循环是水资源的基本属性,同时也是人类社会经济系统获取水资源的保障,通过分析自然水循环可以对区域水资源总量、可利用水资源量等本底情况有全面的认识。社会经济水循环反映水资源在人类社会经济系统中的流动过程,同时体现人类社会经济系统对自然水资源的影响。因此,需要兼顾自然与社会经济水循环,才能明晰自然环境和人类社会经济系统间的水量交换过程,全面认识区域水资源根本属性。②兼顾实物量和价值量。实物核算是基础,它可以充分利用资源环境统计数据,反映区域水资源资产的本底;价值核算则是在实物核算的基础上通过估价进行的综合性核算,只有价值核算才能获得相应的总量指标,对发展过程和结果做出综合性的评价。因此,实物核算和价值核算都是不可或缺的。③兼顾水量与水质。水资源是数量与质量的统一体,衡量一个区域的水资源量,不仅要统计其水量的多少,还要分析区域水环境和水生态情况的好坏。对水资源的期初、变化以及期末的"数量"进行列报是基本,对自然资源资产的"质量"进行列报也很关键,反映了人类不合理活动所导致的水生态环境效应状况。④兼顾存量和流量。水资源资产负债表的编制,一方面要记录区域在某一时点时的水资源资产数量和结构,进行水资源资产存量的核算;同时,要将当期水资源利用消耗纳入相应时段的水资源资产核算之中,进行流量核算,反映水资源资产在经济过程中所发生的变动(流量)。两者对于系统描述当期自然资源资产的数量以及变化情况都很重要。⑤注重数据可获得性。进行水资源经济核算需要经济、环境、水利等方面的大量相关时序数据,这其中大部分数据需要通过相关部门的统计资料获取。因此在指标体系的构建过程中要注重数据的可获得性,要尽量与现行的统计体系相接轨,便于数据的采集与应用。

水资源的价值化有两种核算方法:一种是以地方政府为所有权主体的水量核算方法,以行政区域作为标准核算单元,对单元内的水资源量开展核算;另一种是以国家作为水资源所有权主体的水资源控制红线核算方法,地方的水资源资产仅为其可支配的水量、排污总量、涉水资产和水域面积,以区域用水总量和排污总量上限等作为资产,以超用、超排等部分作为负债开展核算。

森林资源资产价值化过程,除应遵循资产负债表编制的基本原则外,价值化内容应当包括两方面。其一是核算期初期末研究区林地资源和森林资源等资产的存量及其变化情况,其中林地核算是评估林地面积与质量的变化对森林资源资产的影响,森林核算是评估森林蓄积量的变化对森林资源资产的影响。根据《土地利用现状分类》体系,林地资源核算的范围包括有林地、疏林地及其他林地。根据《林业资源分类与代码 森林类型》(GB/T 14721—2010),森林核算包括各类天然林、人工林和其他森林。其二是与实物量核算存量流量相对应的价值量核算。森林资产与其他资产一样,评估的基本方法包括市场法、收益法、成本法。由于不同类型的森林资产具有不同的特征,因此,评价方法应当根据森林类型而做出相应的选择。

矿产资源的价值化能够显示某一时间节点上矿产资源资产的"家底",反映一定时期内矿产资源资产的变化情况及其对生态、环境的影响,可为提高矿产资源利用效率,促进矿产资源合理开发和永续利用提供信息支撑。矿产资源的价值化通常采用市场法进行,主要包含两方面内容。①矿产资源(品)现价确定。根据网络交易平台上发布的数据,考虑最高价和最低价,考虑到矿产品价格信息受市场供求影响很大,然后利用相应矿产品的平均价进行价值估算。②矿产资源价值估算。矿产资源价值量=矿产资源实物量×矿产品现价。根据实物量的存量与流量,依据上述方法计算的矿产价格来进行价值核算。

3.3 自然资源负债核算技术

自然资源负债表应遵循"自然资源资产=自然资源负债+所有者权益"恒等关系,全面核算自然资源在开发利用过程中发生的资源增加/耗减、环境收益/损害和生态修复/破坏,清晰地反映自然资源资产占有、使用、耗损等过程的"来龙去脉"。因此,自然资源的资产负债核算,尤其是负债的核算技术是当前自然资源资产负债表探索编制研究的重点。国内学者在探索编制自然资源资产负债表时,对"自然资源负债"这个概念进行了热烈的探讨。有的学者主张在目前的技术水平条件下,自然资源负债的确认缺乏实际可行性,提倡核算环保支出等作为功能账户的思路;有的学者则对自然资源负债内涵进行了明确阐述,认为自然资源负债是由于政府过去的决策对自然资源过度开发导致现有的自然资源的净损失或净牺牲,是恢复原有生态的价值补偿。虽然自然资源负债是伴随着自然资源资产负债表而产生的全新概念,但自然资源核算体系中也有对自然资源负债的体现。例如,SEEA-2012中心框架将资源耗减的价值视为抵减收入的成本,对退化等特殊形式的耗减所引起的生态系统服务供给能力的变化进行评估,从而间接对实物耗减计量结果估价,并以此估算因经济活动而利用自然资源的成本。然而,根据自然资源资产负债表编制的目标,若单纯以自然资源减少带来的价值减少作为负债,不仅忽视了自然资源对社会经济发展的支撑价值,还忽略了自然资源的多功能性体现的潜在价值;若单以生态环境价值的损失进行核算则又丧失了对资源自身价值的衡量,会使得自然资源资产负债表的内涵发生扩展与偏移。

综合现有观点可以归纳出，自然资源负债是由于核算主体以往的经营活动、意外事故或预期可能发生的事项导致自然资源的净损失，以及对环境、生态造成的影响，是核算主体未来将要发生的支出，包括资源耗减、环境损害与生态破坏三方面内容。其中，资源耗减是指社会经济活动中因对资源的过度使用而产生的各类自然资源的消耗；环境损害是环境负债的重要表现形式，是人类活动所产生破坏维持人类健康与安适生活的环境，而间接损害公众权益的事实，包括对环境的损害和对人的损害；生态破坏是指人类不合理开发利用使得森林、草原、湿地等自然生态系统遭到破坏，从而使生态系统中的人类、动植物的生存条件发生恶化的现象。

针对自然资源资产负债核算方法，各国在自然资源资产核算时，力求各级部门在估价方法上实现统一，对于存在市场交易的资产采用市场法，对于未进入市场上交易的资产间接估值。核算过程中，主要遵循所有权原则、记录时间原则和估价原则。另外，SNA还规定核算期间由于价格波动引起的资产变动，应该进行资产的重估价。无论是从理论还是实践角度出发，资产和负债的估值都是自然资源资产负债表编制的难点。根据各国资产负债表中自然资源资产估值的经验，建议在编制自然资源资产负债表时，就其中有交易市场的自然资源宜采用市场价格法，否则采用间接估值法。不同于国家资产负债表只对自然资源进行价值量核算，自然资源资产负债表中实物核算是基础，价值核算便于进行横向对比，因此需要对自然资源资产进行实物量和价值量的双重核算，对于目前技术条件下尚不能够价值化的自然资源资产，可以只对其进行实物量核算，并以附属表的形式披露于自然资源资产负债表当中。

3.3.1 土地资源

土地资源的资产负债核算技术主要关注资源资产量发生变化的合理性。以存量及流量的实物量变化为基础，即根据土地面积及质量的年度变化，进行资产价值核算，构成土地资源资产存量及资产变化部分。负债核算部分包括过度耗减核算、土地资源环境损害核算和土地资源生态服务功能破坏核算。土地资源过度耗减核算用于核算由于人类的经济活动而对土地利用超出了国家规定红线阈值的土地带来的资产减值损失，这部分核算的关键在于准确认识区域土地利用红线，目前对于红线的划定没有相对统一的标准，应根据当地经济社会发展状况进行衡量。土地资源环境损害核算记录人类经济活动造成土壤污染等对土地质量带来损害造成的价值损失，一般应包括对土壤污染面积的统计和主要重金属污染值的核算。土地资源生态服务功能破坏核算则针对不同土地利用类型的转换，例如，农用地向建设用地的流失引起的生态系统服务功能的减少进行价值核算。

3.3.2 水资源

在进行水资源资产负债核算过程时，明确资产与负债的概念是开展水资源资产负债表构建与编制的基础。水资源资产的概念界定为核算区域内的可用水资源量及区域内水体提供的各类环境功能。理论上水资源自然资产应是区域可更新的水资源量,但是实际在区域尺度上地方政府不具有对其区域内所有水资源的支配权,因此采用区域可用水资源量作为其资产项。水体环境功能主要以区域内水域面积来表征。水资源负债的概念界定为资源的过度消耗和由此产生的负外部性。资源过耗的负外部性主要包括两部分,一方面是由于某种资源的过度消耗对环境产生的负面影响,另一方面是资源过耗对生态的挤占导致的生态系统服务减弱或丧失。水资源负债的产生一方面是由于水量的过度消耗产生的,另一方面则是由于社会经济系统的超量排污导致的水质恶化。

3.3.3 森林资源

森林资源资产负债核算技术中,首先要明确其核算对象包括两方面内容,即林地资源和林木资源。因此,森林资源资产价值化内容包括核算期初期末研究区林地资源和森林资源等资产的存量及其变化情况。其中林地核算是评估林地面积与质量的变化对森林资源资产的影响,森林核算是评估森林蓄积量的变化对森林资源资产的影响。森林资源资产的负债情况,主要通过森林变化对生态环境的影响来体现,包含森林过度消耗核算(实物型)和森林生态系统调节功能变化核算(价值型)。其中,森林过度消耗核算应当明确研究区林地资源和林木资源的政策红线和自然边界面积,找到红线阈值,确定过耗量。森林生态系统调节功能变化即为对期末森林资源提供的生态系统服务价值量和期初森林资源提供的生态系统服务价值量的差值得到。

3.3.4 矿产资源

矿产资源资产负债核算技术中,对资产的核算在于明确核算期矿产资源探明储量及开采量变化两方面,对负债的价值化技术,主要通过核算期内矿产资源开发对土地占用带来的生态服务减值和环境污染两方面指标体现。由于矿产资源种类繁多,在价值化过程中,首先应当全面了解核算区域矿产资源存量现状,界定矿产资源核算的范围。例如,明确核算区域内的能源矿产、金属矿产、非金属矿产等大类下分别包含的子类项目,从而搭建矿产资源资产价值化表的框架,为各类资源分别进行存量和流量的价值核算。矿产资源的负债核算应当包括环境损害核算和生态服务破坏核算。环境损害核算主要针对矿产资源开采对环境带来的损害造成的价值损失,如环境污染和地质灾害损失。生态服务破坏核算主要核算矿产开采对耕地、草地等自然地类占用造成的土地生态服务功能价值的减少。

3.4 生态与环境综合核算技术

3.4.1 生态综合核算技术

生态核算通过计量核算期人类资源利用活动对生态系统服务功能的影响,揭示自然资源在开发、利用以及保护、修复等人类活动影响下的生态效应变化。从自然资源资产负债表编制的角度开展生态核算，有助于全面理解和量化自然资源数量变化和质量变化的生态效应，完整认识自然资源的资源属性、环境属性和生态属性，科学评价不同类型、不同结构生态系统的多重服务功能。从功能上讲，生态功能可以分为供给功能、调节功能与文化功能等，考虑到自然资源资产负债表编制的目标，具体包括调节气候、调节水文、保育土壤、降解污染物等；从类型来看，生态系统包含森林、湿地、草地、荒漠、海洋、农田、城市等类型，基于自然资源资产负债表编制的目标，生态系统的类型上我们重点关注自然生态系统，功能上重点核算生态系统在一定时间内提供的各类功能量及其变化量。

根据生态核算的目标，一般需要结合区域自然资源禀赋情况，选择自然资源资产负债表扩展表生态核算的重点。这里重点以森林、草地、湿地等自然生态系统的调节服务为例，介绍生态系统实物核算和价值核算的主要技术流程和方法。生态系统的实物量核算主要是科学计算不同类型的生态系统调节服务，生态系统的价值量核算则主要运用替代成本法（包括影子工程法、恢复成本法、商品替代法等）进行核算，明确每项生态功能实物量的价值参数，通过实物量与价值参数的乘积，获得每项生态功能的价值量。

3.4.1.1 森林生态系统

森林实物量核算内容主要包括涵养水源、保育土壤、固碳释氧和净化大气四项生态服务功能。其中涵养水源价值量计算过程中，一般运用影子工程法，即生态系统提供的功能服务，有时候可以用人工工程来替代，因此可以用建造人工工程花费替代生态系统所提供的功能服务。例如，森林涵养水源及湖泊接纳水量可按建造同样容量水库所需的工程花费来估算，此处将森林涵养水源实物量转化为修建储存同等水量的水库，再用修建储存同等水量的水库消耗的成本来替代森林涵养水源价值量。保育土壤又分为固土和保肥（有机质、氮、磷、钾）两个核算指标。固土价值量核算过程中我们采用市场价格法，它是一种最直接和应用最广的方法，往往是针对有市场价格的生态系统物质产品进行评估的方法，根据市场价格对研究对象的经济价值进行评估的方法，即将森林固土量转化为挖取相同土方量所需要的市场费用来核算。有机质核算同样采用市场价格法，即市场单位有机质价格与有机质保肥量乘积来核算。保肥核算中氮、磷、钾的核算运用商品替代法和市场价格法，即氮、磷、钾折算为磷酸二铵和氯化钾等化肥商品，然后根据化肥市场价格进行核算其市场价值。固碳释氧价值量核算采用影子工程法，其中固碳价值量用固定相同规模的碳所需费用来反映，释氧价值量用生产相同规模的氧气所需费用来反映。净化大气价值量核算采用恢复成本法，即用生产生活过程中治理同等质量的污染物所消耗的价值量来替代。

3.4.1.2 湿地生态系统

湿地核算主要包括涵养水源、调蓄洪水、保育土壤和净化水质四项生态服务功能。其中涵养水源实物量价值化过程中运用影子工程法，即将湿地涵养水源实物量用储存同等水量的水库来替代,再用修建储存同等水量的水库消耗的成本来替代湿地涵养水源的价值量。调蓄洪水价值化采用替代工程法来计算,即将调蓄洪水的量转化为水库蓄水的成本来计算。这里假设在已有水库的基础上,加固防洪等消耗的价值量,成本要远低于修建水库成本,与涵养水源中的修建水库价值量区别开来。保育土壤又分为固土和保肥(有机质、氮、磷、钾)两个核算指标。固土价值量核算过程中我们采用市场价格法,即湿地固土量转化为挖取相同土方量所需要的市场费用来核算。有机质核算同样采用市场价格法,即市场单位有机质价格与有机质保肥量乘积来核算。保肥核算中氮、磷、钾的核算运用商品替代法和市场价格法,即氮、磷、钾折算为磷酸二铵和氯化钾等化肥商品,再根据市场商品价格来确定保肥核算的价值量。净化水质(N、P)价值量核算采用恢复成本法,即用生产生活过程中治理同等数量的污染物(N、P)所消耗的价值量来替代。

3.4.1.3 草地生态系统

草地核算主要包括涵养水源、保育土壤、固碳释氧和净化大气四项生态服务功能。其中涵养水源价值量计算过程中,我们运用影子工程法,即将草地涵养水源实物量转化为储存同等水量的水库,再用修建储存同等水量的水库消耗的成本来替代草地涵养水源价值量。保育土壤又分为固土和保肥(有机质、氮、磷、钾)两个核算指标。固土价值量核算过程中我们直接采用市场价格法,即草地固土实物量转化为挖取相同土方量所需要的市场费用来计算。有机质核算同样采用市场价格法,即市场单位有机质价格与有机质保肥量乘积来计算。保肥中氮、磷、钾的核算运用商品替代法和市场价格法,即氮、磷、钾折算为磷酸二铵和氯化钾等化肥商品来替代,再根据化肥市场价格来确定保肥价值量。固碳释氧价值量核算采用影子工程法,其中固碳价值量即用生产生活中固定相同数量的碳所需费用来反映,释氧价值量即以生产相同规模的氧气所需费用来反映。净化大气价值量核算采用恢复成本法,即核算生产生活过程中治理同等数量的污染物(SO_2、烟粉尘)所消耗的价值量。

3.4.2 环境综合核算

环境核算通过对核算期人类资源利用活动产生的损害环境的物质量及其价值量进行核算,全面体现区域环境质量,反映核算期内环境污染带来的经济损失。

根据要素分类,环境核算包括水环境、大气环境、土壤环境核算三个部分,核算内容分为实物量与价值量核算,即环境核算实物量表和环境核算价值量表;分别为水污染实物量核算、水污染价值量核算、大气污染实物量核算、大气污染价值量核算、工业固体废物实物量核算、生活垃圾实物量核算、工业固体废物价值量核算和生活垃圾价值量核算。实物量核算与价值量核算为一一对应关系。

环境实物量核算主要是核算不同环境要素在核算期内污染物排放量、去除量的变化情况。根据环境污染的阶段不同,环境损害价值量核算的方法也有所差异,一般采用虚拟成本法和治理成本法进行价值量核算,总体按照先实物量再价值量的核算顺序进行。在污染物治理过程中,去除量所消耗的成本即为污染物的实际治理成本,部分污染物的实际治理成本无法直接得到,需要根据污染物治理过程中去除量的比例进行核算。环境污染的阶段一般分为"污染排放→环境质量下降→环境损害发生"三个阶段。在污染排放阶段一般用污染治理成本法进行核算,即指目前排放到环境中的污染物按照现行的治理技术和水平全部治理所需要的支出,一般选用虚拟治理成本这个指标进行计算。假设前提是如果所有污染物都得到治理,则环境退化不会发生。最终价值量核算结果为实际治理成本和虚拟治理成本之和。

3.4.2.1 水环境

水环境实物量核算按照行业部门反映区域水环境的整体状况,根据该地区主要水污染物的排放状况与数据的可得性,水污染实物量核算共核算重金属、氰化物、化学需氧量(COD)、石油、氨氮五种主要水污染物的产生量、去除量和排放量,以及废水的排放量。每种污染物核算符合"产生量－去除量＝排放量"的核算关系。参照当前环境统计口径,并兼顾数据可得性和自然资源资产负债表整体编制原则,将在第一产业核算中主要考虑种植业,分为种植业和畜牧业分别核算,第二产业主要考虑工业,第三产业中包含城市居民生活排放的废水和水污染物,第三产业和城市生活合并核算。

水环境价值量核算内容主要包括第一产业、第二产业和第三产业废水及废水中污染物的处理量和排放量。第一产业废水实物量价值化采用治理成本法和虚拟成本法。实际治理成本即为农业灌溉或畜牧业用水过程中实际废水处理所消耗的费用。假设未经加工处理直接排放到环境中的废水及其污染物全部得到治理,所消耗的价值量即为虚拟治理成本;按行业核算的第二产业废水中各项污染物的实际治理成本以地区工业废水各项污染物的实际总治理成本为基准,以各行业每种污染物的治理成本占污染物总实际治理成本的比例进行核算。各污染物实际治理成本运用治理成本法可直接计算得到,以废水实际总治理成本与各污染物的治理成本系数乘积来计算,行业各污染物的治理成本系数经过资料和调查分析获得。排放到环境中的工业废水同样运用虚拟成本法进行核算,各工业行业废水的污染物虚拟去除率取100%。虚拟去除率指废水经过最佳工艺处理后,可能达到的最高污染去除率,该值取100%即意味着废水中的污染物被全部去除,这实际上是一种假想的理想状态。但如果确定更符合实际情况的污染物去除率,对于宏观核算将意味着需要确定出各地区的污染物环境容量,这同时又将带来一定的不确定性;同时,从工业生产污染物理应被全部清除的角度考虑,取100%也有其一定的合理性。因此,这里将工业虚拟污染物去除率取100%。第三产业实际治理成本计算过程中,通常认为城市生活废水经过二级和二级以上处理后即可达标排放。因此,这里通过废水产生量、处理率以及二级和三级废水处理能力比例核算废水排放达标量,第三产业废水价值化采用治理成本法计算时只看二级或二级以上的治理量。虚拟治理成本采用虚拟成本法,即假设第三产业产生的废水除了二级或二级以上处理部分外,排放到环境中的废水全部得到治理所消耗的价值量。

3.4.2.2 大气环境

大气环境实物量核算按部门反映核算区大气环境质量状况。根据该区主要大气污染物的排放状况与数据的可得性,大气污染实物量核算表主要包括二氧化硫、烟粉尘和氮氧化物三种污染物的产生量、去除量和排放量。核算结果满足"产生量－去除量＝排放量"的核算等式。由于现行统计方法的限制,仅核算第二产业(工业)和城市生活第三产业(含第三产业城市居民生活排放)的大气污染物。

大气环境价值量核算主要包括第二产业和第三产业产生的 SO_2、烟粉尘和 NO_x 的治理成本。工业废气的实际治理成本即为工业生产过程中污染物实际去除量所消耗的价值量。虚拟治理成本即为假设排放到环境中的大气污染物全部得到治理所消耗的价值量。第三产业大气污染实际治理重点从天然气、煤气和液化石油气三个方面及其供热面积进行核算。假设没有燃气供应的地区人口全部用天然气、煤气和液化石油气作燃料所消耗的价值量作为虚拟治理成本。

3.4.2.3 土壤环境

由于现行统计体系所限,土壤环境实物量核算主要核算研究区工业固体废弃物和生活垃圾两个部分。其中,工业固废污染实物量核算主要对工业固体废弃物的产生量,以及综合利用、处置、储存和排放量进行核算。表格符合"产生量＝综合利用量＋处置量＋储存量＋排放量"的核算公式,可以对固体废弃物的生成和去向进行较为清晰的显示。生活垃圾污染实物量核算主要对生活垃圾的产生量以及处理和堆放量进行核算;基于污染虚拟治理成本法,土壤环境污染价值量核算分别为固体废弃物价值量核算和生活垃圾价值量核算。

对于土壤环境的实物量核算,为了反映经济活动对土壤环境造成的影响,在调研和统计数据的基础上,以矩阵表达形式,编制了土壤环境实物量核算表,统计包括核算区内各产业部门的主要类型工业废物和生活垃圾的产生量、综合利用量、处置量、储存量和排放量。并根据 SEEA-2012 的编制思路,对经济活动中产生的固体废弃物的产生、输入、输出、处理、环境流入等各个环节进行核算。根据研究区数据情况,应用相同方法整理相关年度的实物量账户。在此基础上定量对比分析本地区土壤环境实物量的变化特征。土壤环境实物量核算主要内容均可以从相关统计资料中直接获得。

至于土壤环境的价值量核算,对于固体废弃物污染来说,其造成的损失及其严重程度往往在相当长的时间后才表现出来,而且除对占地的直接污染外,其他大部分表现为转移到对其他介质的污染影响。因此,固体废弃物污染具有显著的滞后性、长期性和转移性特点,固体废弃物污染损失是与其他因素综合作用的结果。一般主要针对固体废弃物占地造成的污染损失进行核算。例如,土地用于种植农作物、植树造林等每年将获得一定的收益,而堆放固体废弃物则失去了这项使用价值。这部分的经济损失采用"机会成本法"加以核算,即将种植农作物等获得的效益作为固体废弃物占用土地造成的经济损失。对于生活垃圾污染来说,生活垃圾的价值量核算同样分为实际治理成本和虚拟治理成本。实际治理成本即为生产生活中垃圾的实际处理量所消耗的价值量。虚拟治理成本由简易处理垃圾实现无害化处理,以及无序堆放垃圾和有序堆放垃圾实现无害化处理所需的两部分虚拟治理成本构成。这里假设将实际生活中简易处理量和有序堆放量垃圾全部卫生填埋所消耗的价值量,即为生活垃圾简易处理量和有序堆放量的虚拟治理成本;而生活垃圾无须堆放量虚拟治理成本计算时,要考虑清运成本和填埋成本两部分价值量。

第 4 章
自然资源资产价值评估与核算方法

根据联合国环境规划署的定义,自然资源是指在一定时间和一定条件下,能产生经济效益,以提高人类当前和未来福利的自然因素和条件,包括土地、水体、矿产等资源。自然资源是社会物质财富的源泉,是社会市场过程中不可缺少的物质要素和人类生存的自然基础。自然资源资产是指人们在现有的认识和现实的科技水平下,其开发利用能带来一定经济价值的自然资源。自然资源资产有以下三个主要特征:①稀缺性,稀缺性是自然资源的一个重要特征,它也是自然资源转化为自然资源资产的重要前提,只有当自然资源相对于人类的需求来说是供不应求时,它才能成为资产;②能够产生经济效益,只有当自然资源的开发能给人类带来经济效益时,才能把这种自然资源看成资产;③具有明确的产权,资产总是属于某个主体的资产,主体对其享有所有权和控制权。

自然资源资产是国家的一项重要资产,也是衡量一个国家国民经济的重要指标。对自然资源资产进行价值评估和核算研究,不仅有助于相关部门和政府决策者了解和掌握现存的自然资源,还有助于提高和优化自然资源的利用。开展自然资源资产价值评估和核算是我国落实中央关于推进生态文明建设、编制自然资源资产负债表和实施领导干部自然资源资产离任审计的重要基础。

4.1 自然资源资产价值评估理论

自然资源是否有价值,以及这一价值是否能够量化,一直以来国内外学者对此存在较大的争议。传统的自然资源价值建立在人类中心主义的基础之上,是以人类的利益为根本出发点来衡量价值的基本尺度的。在人类社会发展的早期,由于自然资源相对富足,其价值往往被人们忽略。而随着资源短缺、环境恶化等难题逐渐出现在人们面前时,自然资源价值的研究也越来越得到人们的重视。综合国内外学者的研究成果,对于自然资源的价值问题,目前主要有以下几种学术观点。

4.1.1 劳动价值理论

劳动价值理论是国内学者研究耕地资源价值的基本理论。劳动价值理论首先是由英国古典经济学家威廉·配第提出的,随后亚当·斯密、大卫·李嘉图对其进行了发展。最终,马克思在前人的基础上进一步完善了劳动价值理论,使其发展成为一套科学、完整的理论。劳动价值理论认为商品是由两个因素构成的,即价值和使用价值。价值是由人类的抽象劳动创造的,凝结在商品中的社会必要劳动时间决定了商品的价值,反映商品的社会属性;而使用价值只是价值的物质承担者,它是由具体劳动创造的,反映商品的自然属性。

对于自然资源的价值,马克思指出:"如果它(即自然资源)本身不是人类劳动的产物,那么它就不会把任何价值转移给产品。它的作用只是形成使用价值,而不形成交换价值,一切未经人的协助就天然存在的生产资料,如土地、风、水、矿石中的铁、原始森林的树木等,都是这样"。因此,根据马克思的劳动价值理论,人类赖以生存的自然资源具有使用价值,但要研究自然资源是否具有价值关键在于确认其是否凝结着人类劳动。也正因为如此,导致长期以来国内学者对自然资源价值问题的争论,主要包括三种观点:一是自然资源无价值论,高映轸(1995)认为,自然资源作为自然物并非劳动产品,没有凝结人类的劳动,因此自然资源没有价值;二是自然资源全价值论,认为整个自然资源都是有价值的,雷仲簋(1994)认为,自从地球上有了人类以来,就对自然资源进行了长期的各种不同的改造与开发,因此自然资源凝结了人类长期的劳动,就其整体而言都是有价值的;三是自然资源二元价值论,刘书楷(1995)认为,经过人力改良的土地包括土地物质(即自然存在的土地本身)和土地资本(即将土地作为生产资料所投入的人类劳动)两个要素,前者是无价值的,而后者是有价值的,这便构成了自然资源价值的二元性。

4.1.2 效用价值理论

效用价值理论是研究价值问题的又一个重要理论,它以物品所能满足人们欲望的能力或人们对物品效用的主观心理评价来解释价值以及价值形成的过程。英国经济学家 N·巴本(1640—1698 年)是最早对效用价值观点进行明确表述的学者之一。他认为一切物品的价值都来源于它的效用,无用之物没有价值。1776 年,效用价值理论的开创者——法国经济学家孔迪亚克提出价值是由效用和稀缺性两种因素决定的,效用决定价值的内容,稀缺性决定价值的大小。德国经济学家戈森(1810—1858 年)是边际效用论的主要先驱者之一,他在 1854 年提出了人类满足需求的三条基本定理,即"戈森定理",奠定了边际效用价值论的理论基础。在 19 世纪 70 年代,杰文斯、门格尔和瓦尔拉斯几乎同时提出了边际效用价值理论。他们认为价值具有主观性,物品的价值不是来自生产过程,而是来自于人们对物品的主观评价。物品满足人们主观欲望的这种能力是决定和衡量物品价值的基础,价值体现的是人与物的关系(即主观心理因素与客观物品效用之间的关系),而不是人与人之间的生产关系。

经过马歇尔的概括和完善,效用价值理论体系最终形成。他还把相对稀缺理论引入非生产性的环境资源研究领域。马歇尔认为,环境资源除了生产性输入外,还可以向人类提供休闲空间和环境服务,这些功能也具有直接的经济价值。但在具体解释当前尚未体现出使用价值或者稀缺性的自然资源的时候,效用价值理论还不够完整。因此,经济学家提出"存在价值"这个概念,通过引入资源环境问题来拓展效用价值理论。他们认为,目前不能够为人类直接提供使用价值的物品也可以纳入效用函数中。因此,效用价值理论是研究自然资源价值的重要理论。

4.1.3 外部性理论

外部性理论是自然资源与环境经济学的基础理论。"外部性(Externality)"概念最早源于英国经济学家马歇尔(1842—1924年)1890年出版的《经济学原理》一书,后来庇古(1877—1959年)从福利经济学的角度对外部性理论进行了系统的研究。关于外部性的定义繁多,简言之就是指某经济主体(生产者和消费者)的生产和消费行为对其他经济主体的生产和消费行为造成有益或有害影响的效应。其中,有益的影响称之为外部经济(或正外部性),有害的影响称之为外部不经济(或负外部性)。外部性的存在是造成经济活动无效率的一个主要原因,它使市场经济机制不能实现优化配置资源的基本功能。如何解决经济活动中的外部性问题,各个经济学派对此提出了不同的观点:一种观点是要进一步发挥市场功能,市场机制本身能克服外部性;另一种观点是借助政府干预。尽管观点不同,但是它们的共同点都是让外部性内在化。

自然资源除了具备最基本的物质生产功能外,还具有社会保障功能和生态服务功能。然而,自然资源的这两种功能往往难以在经济活动中体现,因此,使得自然资源保护具有明显的正外部性。如图4.1所示,实现社会福利最大化的条件是边际私人成本(Marginal Private Cost,MPC)等于边际社会成本(Marginal Social Cost,MSC)。由于正外部性的存在,使得自然资源保护的边际私人收益(Marginal Private Revenue,MPR)小于边际社会收益(Marginal Social Revenue,MSR)。自然资源保护的MPC与MPR的均衡点为E_1;而MSC与MSR的均衡点为E_2。均衡点E_1与E_2不重合,其所对应的自然资源保护数量$Q_1<Q_2$,即私人保护自然资源的最优数量小于社会最优数量,这就解释了人们对自然资源保护积极性不高的原因。为了提高人们对自然资源资源保护的积极性,解决由于自然资源保护的正外部性所带来的自然资源浪费和自然资源保护效率缺失问题,应设法将自然资源保护的外部效益内部化,从而提高MPR,使得均衡点E_1沿边际成本曲线向均衡点E_2靠拢。

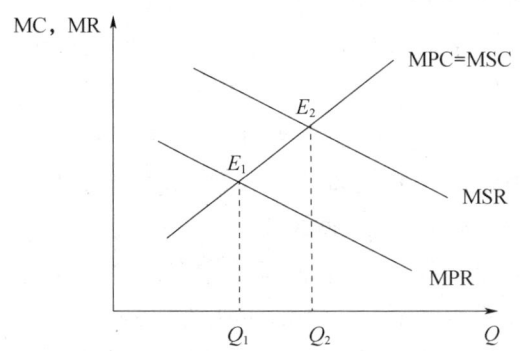

图4.1 自然资源保护的外部性与市场均衡示意图
(MC:边际成本;MR 边际收益)

4.1.4 公共物品理论

现代经济学对公共物品理论的研究始于萨缪尔森,他认为公共物品是指某人对某种产品的消费不会导致其他人对该产品消费的减少。在此基础上,经马斯格雷夫等人的进一步发展和完善,逐步总结出了公共物品的两大特性,即消费的非竞争性(nonrival)与非排他性(nonexclusion)。消费的非竞争性是指消费者对某物品的消费不会减少其他消费者对该物品的消费数量,即增加额外的消费者不会影响其他消费者的消费水平,或者说增加消费者的边际成本为零;消费的非排他性是指消费者对某物品进行消费之后,不能排除其他人对该物品的消费,或者要付出很大的成本才能阻止他人对该物品的消费。因此,对于公共物品的使用,人们都可以获得相同的利益,不存在相互竞争的现象。

依据公共物品理论,以竞争性和排他性的这两个特性为标准,经济学家对社会经济物品的分类主要有以下三种。①萨缪尔森将物品分为纯私人物品(pure private goods)和纯公共物品(pure public goods),通常被称为"两分法"。纯公共物品相对于纯私人物品具有显著的非排他性与非竞争性特征,如国防、公共安全等物品,它们一旦被国家提供,该国的所有居民都能享用,同时居民数量增加一般也不会降低原有居民享受国防或公共安全服务。②将物品分成公共物品、混合物品(也称准公共物品)和私人物品三大类,即"三分法"。混合物品表现为兼有公共物品和私人物品的双重属性。③布坎南、奥斯特罗姆等人提出了物品分类的"四分法",他们将混合物品又划分为两类:一类是具有非竞争性和排他性的物品,即俱乐部物品或自然垄断物品;另一类是具有竞争性和非排他性的物品,即公共池塘资源或共有资源。

自然资源的生态服务价值和社会保障价值在消费上具有明显的非竞争性和非排他性,属于典型的公共物品,因此,对自然资源价值进行全面评估,制定合理的自然资源利用方案和保护对策,让自然资源保护所产生的生态、社会效益等在经济活动中得到实现,从根本上改变自然资源经济效益被低估的问题。

4.1.5 福利经济学理论

福利经济学是研究社会经济福利的一种经济学理论体系,它是由英国经济学家霍布斯和庇古于20世纪20年代创立的。福利经济学主要研究如何进行资源配置以提高效率,如何进行收入分配以实现公平,以及如何进行集体选择以增进社会福利(黄淑玲,2007)。庇古认为福利(welfare)寓于人们自己的满足之中,是人类的欲望或需要得到满足而获得的快乐或幸福感,它有广义和狭义之分:狭义福利仅仅指经济福利,即收入和财富给人们带来的满足,可以直接或间接用货币度量;广义福利还包括非经济福利,又称为社会福利,如自由、友谊、健康等,难以用货币度量。

人们最初对福利的认识只局限于经济福利,随着福利经济学的发展,人们逐渐认识到福利还包括非经济福利。资源环境价值评估就是建立在福利经济学基础之上的,当自然资源与生态环境发生变化时,就会引起个人福利的上升或下降。个人福利的变化可以用"消费者剩余(consumer surplus)"来表示。马歇尔的"消费者剩余"概念是福利经济学的重要分析工具,它是指消费者购买某一商品所获得的满足,通常会超过他为此付出的代价所能给他带来的满足,也就是说消费者在购买中得到了额外的福利。如图 4.2 所示,纵轴 OP 代表商品价格,横轴 OQ 代表商品数量,PQ 代表需求曲线,Pe 为消费者实际支付的价格,图中灰色部分即为消费者剩余。

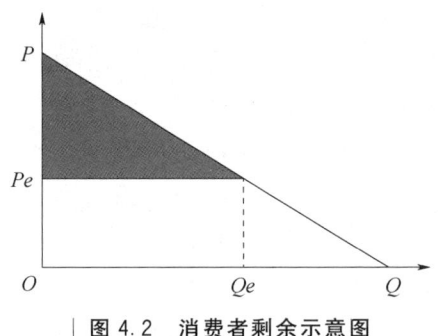

图 4.2　消费者剩余示意图

在对自然资源价值评估中,消费者为保护自然资源而愿意支付的最大金额就是消费者的支付意愿(Willingness to Pay,WTP),消费者为自然资源的恶化而愿意接受的最小补偿就是消费者的补偿意愿(Willingness to Accept,WTA)。消费者对自然资源保护的支付意愿是个人追求效用最大化的结果。

4.1.6　自然资源价值的构成

20 世纪 60 年代,美国经济学家 Weisbrod 和 Klutilla 最早提出了环境资源价值的概念。他们认为环境资源价值主要体现在以下四个方面:①为人类的生产活动提供再生资源和不可再生资源;②为人类及其他生命体提供生存空间;③对人类活动所排放的污染物具有扩散、储存和同化作用,即环境资源对污染物具有净化作用;④为人类提供景观服务,例如优美的大自然可以作为旅游景区为人们的精神生活及社会福利提供天然的物质资源。后来,Smith 于 1987 年在福利经济学的基础上对价值的定义进行了拓展,他认为任何稀缺并且能为人类提供效用的物品都可以纳入效用函数,即它们都具有经济学意义上的价值。1998 年 Pearce 基于利他主义提出了道德价值的概念,他认为任何能表达出人类偏好的物品都具有道德价值,包括选择价值和存在价值(王瑞雪 等,2005)。

目前,国际上对自然资源经济价值的构成主要有四种分类方法(表 4.1),其中,Pearce 和 OECD 的分类方法得到了学术界的普遍认同。使用价值是指某种物品能够满足人类某种需要和偏好的能力。根据 OECD 的分类方法,使用价值中又包括直接使用价值和间接使用价值。直接使用价值是指环境资源能够直接满足人们生产与消费活动需要的价值,包括直接实物(有形的、消耗性的资源产品,如矿产资源、木材等)和直接服务(无形的、非消耗性的服务,如旅游休闲、文化教育等);间接使用价值是指从环境所提供的、用来支持日常的生产和消费的各种功能中间接获得的效益,即生态服务功能,如净化空气、保持水土、调节气候等功能,这些功能虽然不直接进入生产和消费过程,但为生产和消费活动提供了必要条件。非使用价值是环境资源客观存在的内在属性。其中,选择价值(又称期权价值)是指由于环境资源的供应和需求具有不确定性,消费者为了避免资源短缺的风险而将资源保护以备将来之用的价值;遗赠价值是人们为了使子孙后代能够使用某种资源而将其保留下来的价值;存在价值是在没有任何使用意图的情况下,人类由于环境资源的存在而得到的满足感,可以说是人们对环境资源一种道德上的评判,例如,人们认为所有生物都有在地球上生存的权力,尽管有的生物没有使用价值。

表 4.1 资源环境价值分类体系(戴维·皮卡斯,1996)

学者或组织		资源环境价值构成的划分
英国经济学家 Pearce	使用价值	直接使用价值、间接使用价值和选择价值
	非使用价值	遗赠价值和存在价值
经济合作与发展组织(OECD)	使用价值	直接使用价值和间接使用价值
	非使用价值	选择价值、遗赠价值和存在价值
世界自然保护联盟首席科学家 McNeely	直接价值	消耗性使用价值和生产性使用价值
	间接价值	非消耗性使用价值、选择价值和存在价值
联合国环境规划署(UNEP)		具有显著实物形式的直接价值、无显著实物形式的直接价值、间接价值、选择价值和消极价值

4.2 自然资源资产价值评估方法

4.2.1 自然资源资产价值评估常用方法

(1)李金昌模型

我国学者李金昌于1990年提出了李金昌模型,这是我国自然资源定价的开山之作。这一定价模型综合了传统土地经济学派的地租理论、土地质量和区位理论、劳动价值论、效用价值和古典土地经济学理论,有很强的开创性。具体的计算公式可表示为:

$$V = I^{-1}(aR_0 + c + v + m)(Q_D \cdot E_D)(Q_S \cdot E_S)^{-1} \tag{4-1}$$

式中:V 为自然资源直接价值,I 为综合贴现率,a 为自然资源禀赋差异修正系数,R_0 为基本地租,c 为物质消耗,v 为劳动消耗,m 为利润,Q_D 为需求量,Q_S 为供给量,E_D 为需求弹性,E_S 为供给弹性。

李金昌模型提供了一种对自然资源价值进行评估的思路,但由于其基于多种不同的经济学基本理论,在评估过程中各个元素存在重复计算或是矛盾的问题。

(2)市场价格法

以自然资源相关服务本身的市场公允价格或是对市场中一些产品和服务产生的价格影响作为自然资源价值的方法,适用于有实际市场价值的自然资源功能评估。这种方法的优点是有比较好的准确度且方便收集数据和计算,其主要缺点是自然资源许多服务价值并没有对应的市场价值,无法以市场价值法进行估算。

(3)机会成本法

所谓机会成本是指一定资源用于某种用途所放弃的其他用途中本来可能得到的最高收益。机会成本是微观经济学上表示成本的一种常见方法。理论上机会成本可以反映出自然资源开发过程中社会付出的最大代价。机会成本法简单易懂且能有效而直观地反映问题。机会成本法特别适用于对自然保护区或具有唯一性特征的自然资源开发项目进行评估。但机会成本与传统意义上的会计成本是完全不同的概念,彼此之间不具有可比性,实际上不利于自然资源整体核算。其次,很多自然资源的使用具有不可逆性,开发所带来的影响是不可恢复的。用机会成本法得出的往往只是自然资源价值的最低值。

(4)费用分析法

自然资源的耗损会对人们的生产生活造成诸多的不便。为了适应这些变化,人类不得不付出一定的改造费用(如水质恶化无法饮用时,居民须购买净水处理设施)。因此,可以通过这些改造的费用测算自然资源的价值。根据测算情况的不同,费用分析法可以分为防护费用法和恢复费用法。防护费用法是指人类为了消除不利影响做出防护措施的成本;恢复费用法指的是测算自然资源恢复原有水平的费用。

影子工程法是恢复费用法的一种,指的是人工建立一个替代已经被破坏的生态系统的费用。自然资源中的生态系统服务往往很难被量化,这时候往往采用对该项生态系统服务假定被破坏后进行恢复的影子工程的造价进行测算。由于现在世界范围内生态系统恢复工程较多,在价格测算时有着很好的参考体系和成型的估值模型。

(5)人力资本法

在比较好或是比较差的自然资源条件下,人类工作效率往往差距很大,这时候对人类工作效率的差值进行估算即可得到所对应自然资源的价值。这种方法比较理想化,实际应用不多,但比较符合政治经济学、劳动经济学的相关理论,可能有比较广泛的应用潜力。

(6)旅行费用法

旅行费用法是指利用门票、交通和住宿等成本和某一地区一段时间内的游客相关统计资料和调查数据,得出游客对某一自然资源的估值,并以此作为该地区自然资源的美学价值,常见于自然资源美学价值评估。但是,目前旅行费用法的应用还存在一些难点,如估算函数形式的选择、多景点多目的地的旅游问题以及旅行时间的机会成本计算等。

(7) 享乐价格法

享乐价格法反映的是人们在不同环境下对即将享受某种产品的不同估值,作为自然资源差别的价值。一个准确的享乐价格估值需要消费者在做出判断前进行仔细的判断,总的来说,房产是一种比较有效的享乐价格评估载体。学术界目前常常通过不同自然条件下不同的房产价格来判断当地自然资源的价值。享乐价格法在发达国家有过较多的研究和实践。但是,发展中国家因房地产市场不是很活跃、大量数据难以获得等原因,目前享乐价格法的应用还不是很多。

(8) 影子价格法

影子价格法是指以一个在替代市场上与原商品相似的商品的估值作为原商品的估值方法。对于一些十分不便于量化的公共商品,有时会采取影子价格法进行量化。

(9) 陈述偏好法

当自然资源的某些价值既无市场价格,又无间接的替代市场时,人们可以通过构造假想的市场来评估自然资源的价值。陈述偏好法就是在假想的市场情况下,采用问卷调查的技术,直接从被调查者的回答来引出自然资源的价值。条件价值法和选择实验模型法是目前用于评估自然资源经济价值的两种主要的陈述偏好法。与其他方法相比,陈述偏好法的最大优点在于它能够评估环境资源的非使用价值,具有较大的灵活性,几乎可以用来评价任何自然资源变化所产生的经济效益。但是,陈述偏好法不是基于可观察到的市场行为,而是基于被调查对象的回答或反映,其评估结果可能会产生许多偏差。另外,陈述偏好法的数据获得需要花费大量的时间和费用,问卷的设计和分析具有很高的专业性。

4.2.2 自然资源生态系统服务价值评估

自然资源生态系统具有多种服务功能,如涵养水源、净化空气、调节气候等。对于自然资源生态系统服务价值评估的研究,最有代表性的工作是 Costanza 等人对全球生态系统服务价值的研究。Costanza 等将生态系统服务价值分为供给服务、调节服务、支持服务、美学与景观服务 4 个大类和 9 个小类进行分析。需要注意的是,生态系统服务价值通常是以流量价值而不是存量价值表示的,这一点与传统的产业经济学与土地经济学的研究理念有较大区别。

4.2.2.1 可再生资源供给服务

(1) 食物生产价值和原材料生产价值

关于食物生产和原材料生产价值的评估,在实际操作中这一价值通常由农业农村部和国家统计局的相关统计年鉴直接获得。其中食物生产价值主要指农业、牧业、渔业价值。原材料生产价值则范围较广,包括木材、矿产、能源等一系列价值。由于第一产业生产实际上是由土地资本、劳动资本、技术等三个要素组成,因此某一区域自然资源的食物生产价值并不简单地代表对应区域的第一产业产值。在进行核算时,一般使用食物生产的净利润作为自然资源的食物生产价值。原材料生产价值则常常被放到第二产业中进行核算,根据不同地区对应核算准则不同,应当注意避免重复核算。

(2)水资源供给价值

从经济学角度看,水资源在世界范围内的整体供给还是比较充足的,但往往不能在特定的时间和地点得到适宜数量的水,这就体现了水资源的价值。水资源有低价巨量和供给不确定的特点,这就决定了水资源交易大致以政府提供水权的形式进行,现实中也常常用水权价格表示水资源的价格。

对水资源进行直接估价的常见方法有市场价格法。市场价格法是通过水供给的市场价格对水资源进行估价,这样做估值较为精准,但由于水资源的市场化程度不高,在实际应用中很少使用市场价格法对水资源的价值进行估计。在我国,水资源属于国家所有,在农业、工业生产过程中,国家常常收取水资源费,因此一般采用水权交易的价格作为水资源的价格。每一年份的水资源流量价值为:

$$V = PQ \tag{4-2}$$

式中:V 为所统计的水资源价值,P 为单位水资源的水权价格,Q 为当地水资源年度流量。

值得注意的是,由于参加交易的水资源只是总体水资源的很小一部分,因此直接交易价值实际上并不能很好地反映水资源的价值(如果根据交易价格直接计算水资源价格可能存在极大的高估)。还有一种比较常见的水资源估价方法是间接估值法,即利用当地建设相关水利设施的总体资金投入与当地水利设施所提供的水资源计算当地水资源的价值。

另外,美国经济学术界曾经使用剩余价值的方法对水资源进行估值,这一估值方法实际上是统计了一种供水项目对应的每一种生产项目的价值增量部分。这种统计方法对某一种特定用途或是小范围内的水资源价值统计有着很好的适用性。但在考虑水资源整体价值时,由于需要的数据过于庞杂而不具有可行性。利用剩余价值进行水资源价值统计的公式如下:

$$V = V_1 - V_0 = (\sum_{I=1}^{M} Y_{1I} P_{YI} - \sum_{J=2}^{M} X_{1J} P_{XJ}) - (\sum_{I=1}^{M} Y_{0I} P_{YI} - \sum_{J=2}^{M} X_{0J} P_{XJ})$$

(4-3)

式中:V 为所统计的水资源价值,V_1 为增加该水资源供给后的固定土地资源年纯收益,V_0 为没有该水资源供给后的固定土地资源年纯收益,Y_{1I} 为某一种产出的量,P_{YI} 为该种产出的单价,X_{1J} 为该产出对应的原材料的量,P_{XJ} 为该产出对应的原材料的价格,Y_{0I} 为在没有对应的水资源供给项目时该产出对应的产出量;P_{YI} 为该种产出的单价,X_{0J} 为该产出对应的原材料的量,P_{XJ} 为该产出对应的原材料的价格。

4.2.2.2 调节服务

(1)气体调节价值

生态系统碳循环是维持大气二氧化碳浓度平衡的主要机制。植物通过光合作用固定大气中的二氧化碳、释放氧气,而生物体则消耗氧气、释放二氧化碳。在二氧化碳或是氧气过高时,通过一系列负反馈调节机制,生态系统可以自动调节大气中二氧化碳与氧气的平衡,使动植物的光合/呼吸作用能够顺利进行。目前,由于人类对自然资源的过度开发和对化石燃料的大量使用,大气中的碳平衡已经受到影响,大气中的二氧化碳和甲烷含量快速上升,形成温室效应,导致全球温度升高和区域环境不稳定,对全人类的福祉产生了极为不利的影响。在这种情况下,生态系统提供的气体与气候调节服务的重要性突显。同时生态系统具有调节大气中氮、硫等元素和吸收一些有害气体的作用。

自然资源价值中的气体调节价值其实包含了许多气体调节过程,比如宏观的碳、氮循环或是一些局部微量元素的循环,此处讨论的气体调节价值由碳循环价值也就是所谓的碳价值和其他气体调节价值两部分构成。

碳价值的核算近年来一直是经济学相关研究的热点方向。目前比较常用的碳价值估计方法有造林成本法和碳税法两种方案。造林成本法即以人工培育可以吸收单位二氧化碳所需树林的成本,作为固定对应单位二氧化碳的生态服务的碳价值。碳税法则是以碳税税率对应生态系统所吸收的碳进行估值,按照碳税法对生态系统服务的碳价值的估值思路如下:

$$V_C = 1.19 NPP \cdot P_C \tag{4-4}$$

式中:V_C 为对应区域单位面积每年的固碳价值(单位:元/hm^2),NPP 为对应区域单位面积的年净初级生产力(单位:t/hm^2),P_C 为碳税价格(财政部建议的碳税价格大致为 10 元/t,但这一碳税标准尚缺乏公允)。

值得注意的是,世界范围内目前尚且缺乏一个公允的碳税标准。目前在生态系统服务固碳价值,实际上更多采用的是造林成本法。

释放氧气的价值计算公式为:

$$V_{O_2} = 1.63 NPP \cdot P_{O_2} \tag{4-5}$$

式中:V_{O_2} 为对应区域每年的氧气调节价值,P_{O_2} 为工业制氧价格。

需要注意的是,这种计算方法可能极大地高估了气体调节服务中释放氧气的价格,目前实际核算过程中使用造林成本统一表述碳价值和释放氧气价值的方法实用得多。造林成本法实际上是把对应生态系统的 NPP 折算成等量 NPP 的造林价值。

其他气体调节价值主要是指对农业、工业生产过程中产生的一些环境污染气体(如 SO_2)进行净化的价值。目前常常使用污染补偿法进行,即利用治理相关污染气体或对相关废气进行处理的成本作为对应生态环境其他气体调节的价值。

(2)环境调节价值

生态系统可以有效地分解和净化人类生产生活所产生的大量有害物质,可以起到过滤空气和净化水体的作用。目前人类生产生活所产生的废弃物中仅有非常少的一部分可以得到处理,自然环境起到了 90% 以上废弃物处理的功能,在可以预见的未来,人类是无法完全摆脱由生态系统进行污染物处理的过程。环境调节价值实际上包含许多组成成分,目前经常纳入考虑的是废物利用价值、水体净化价值、阻滞降尘价值。

废弃物处理价值的计算公式为:

$$V = K \cdot N \cdot P \tag{4-6}$$

式中:V 为单位面积生态系统的废物处理价值,N 为土壤中有机质的含量,K 为该区域土壤有机物分解速率,P 为有机肥的市场价格。

阻滞降尘价值的计算公式为:

$$V = K \cdot Q \tag{4-7}$$

式中:V 为单位面积生态系统的阻滞降尘价值,K 为人工降尘单位成本,Q 为单位面积该生态系统每年的降尘量。

水体净化价值的计算公式为:

$$V = K(C + L + S) \tag{4-8}$$

式中:V 为单位面积生态系统的水体净化价值,K 为城市污水处理单位成本(仅计算处理为中水的部分),C 为林冠总截流量,L 为凋落层吸水量,S 为土壤层蓄水量。

(3)水文调节价值

在降雨过程中,植被层和土壤层可以很好地吸收、截留降水形成地下水源或是地下径流,通过植被层截留降水、凋落物层蓄水和阻滞降水、土壤层蓄水透水等生态过程能延长径流输出时间,减缓水循环速度,从而使河川径流的季节分配趋向均匀、稳定。雨季时这一过程可以有效地减少地面径流,减少相关洪涝灾害和水土流失。旱季时地下径流又可以对地表径流进行补充,这一水文调节过程大大有益于人类的生产生活。

水文调节价值的计算公式为:

$$V = P(C + L + S) \tag{4-9}$$

$$S = T \cdot A \cdot NPC \tag{4-10}$$

式中:V 为水文调节价值,P 为水库蓄水单位成本,C 为林冠截流量,L 为腐殖层吸水量,S 为土壤层吸水量,T 为土壤层厚度,A 为对应区域的面积,NPC 为森林土壤非毛细管孔隙度。

4.2.2.3 支持服务

(1)土壤保持价值

土壤保持服务的价值主要表现为减少土地侵蚀和水土流失、减少泥沙淤积和土地肥力流失。目前对土壤保持服务的研究主要在减少土地侵蚀和土地肥力流失上,所表示的土壤保持价值主要指土壤在受到侵蚀前后的资源价值之差以及由于减少水土流失和河流中携带泥沙减少所带来的水利上的价值两部分构成。土壤保持价值主要是指生态系统保护土壤肥力、减少水土流失和泥沙淤积所带来的经济价值。

土壤保持价值的核算通常通过有无植被保护下发生水土流失前后当地自然资源价值的差值来表示,通常还应当考虑到减少水土流失后对当地水利系统建设所提供的便利。基于这一思路,土壤保持价值可用如下方法计算:

$$V = \frac{C \cdot P}{K \cdot H} \tag{4-11}$$

式中：V 为对应生态系统的土壤保持价值，C 为该生态系统的地表侵蚀模数，P 为当地的水库建设单位库容价值，K 为当地土壤密度，H 为当地土层厚度。

（2）生物多样性保持价值

生态系统是生物多样性最重要且唯一的支持，生物多样性对人类的生存和发展具有重要的意义。

生物多样性价值通常有市场价格法和支付意愿法两种评估方法。市场价格法是指按照对应生物保护每年的支出作为生物多样性的市场价值，这样做会使计量上比较方便，但问题是目前物种保护很难称得上完善，以目前的物种保护费用代表生物的多样性价值无疑存在着严重的低估。支付意愿法是使用发放问卷的方式对周边居民对某一地区的生物多样性价值的心理估值进行评估。这么做的缺陷是不同地区经济发展水平的不同会对当地自然资源的估值产生巨大的影响。

计算生物多样性保护支出通常用到 Shannon-Wiener 指数，这一指数的计算方法为：

$$H = \sum \left(\frac{N_I}{N} \cdot \ln \frac{N_I}{N} \right) \tag{4-12}$$

式中：H 为 Shannon-Wiener 指数，表示群落内种群信息的多样性（作为一种 α 多样性指标），N_I 为种群 I 的个体数目，N 为群落总个体数目。

根据国家林业局的现行规定，每年的生物多样性保护价值 V 如下：

$H \leqslant 1, V = 3000$ 元/hm²；

$1 \leqslant H < 2, V = 5000$ 元/hm²；

$2 \leqslant H < 3, V = 10000$ 元/hm²；

$3 \leqslant H < 4, V = 20000$ 元/hm²；

$4 \leqslant H < 5, V = 30000$ 元/hm²；

$5 \leqslant H < 6, V = 40000$ 元/hm²；

$H \geqslant 6, V = 50000$ 元/hm²。

（3）养分循环支持价值

自然界中存在碳、氮、硫等主要元素的大循环以及许多微量元素的小循环，这些循环对支持生物体的正常生产生活、保持一些原材料的持续供给和保持土壤、空气、水体理化条件稳定有着不可或缺的作用。生态系统是养分循环的主要载体。养分循环价值是自然资源价值的重要部分，但养分价值与自然资源的其他价值有高度的重叠之处且非常不便于核算（其中养分循环的物质总量核算方法目前还没有），目前缺少对养分循环价值具体核算的方法，已有的核算中要不然选择忽略养分循环支持价值，要不就是对其进行一个很低的估计。

4.2.2.4 美学与景观服务价值

自然资源不仅有基础的材料供给、环境支持功能，同时还具有很高的美学和景观价值，能够愉悦人们的心情，提高总体生产效率。美学价值常采用当地与自然景观旅游有关的收入等相关指标表示。旅行成本法和享乐成本法是最常见的美学价值评估方法，主要利用游客对自然环境景观的支付意愿代表该地区自然资源的美学景观价值。目前在操作上主要使用这一地区每年的生态旅游相关产值代表这一地区每年的美学景观价值。

生态系统服务价值核算涉及多个研究领域、多种不同的核算和估值方案，甚至是基于多种不同的价值类型。不同类型的自然资源服务价值核算往往是由大量不同方向的研究学者进行的，在核算过程中或多或少存在标准不一致和重复核算的问题，自然资源核算的各个栏目之间是不能直接相加的。但从定性表示自然资源价值的变化趋势这一方面来看，目前所进行的生态系统服务价值化研究是非常有意义的。

4.2.2.5 生态系统服务价值核算案例研究

Costanza 最早系统提出的自然资源价值核算表中，将土地分为深海、沿海（河口、藻床、珊瑚礁、大陆架）、森林（热带雨林、落叶林）、草地、湿地（盐沼、沼泽）、河流/湖泊、沙漠、冻原、冰川、农地、城市 11 类，并将土地提供的资源和服务分为气体调控、气候调节、稳态保持、水循环、水供给、水土保持、土地构成、养分循环、废物处理、授粉、生态平衡保持、提供栖息地、食物生产、提供原材料、基因资源、娱乐价值、文化价值 17 类，进行了分类核算并列出了自然资源价值表。

在这一分类的基础上，Costanza 利用供给-需求曲线结合相关统计数据逐一估算了每一种自然资源的价值（该供给需求曲线以自然资源不足时需求接近无穷且自然资源供给无弹性为基本假设构造）并利用这一价值构造了量表用以对自然资源总体价值进行评估。

Costanza 的量化方法最大的优势是使用了量表的方法对自然资源价值进行估算，在评估自然资源价值时操作简单，使用性较强，是目前国际上比较常用的自然资源生态系统服务价值化方法。Costanza 对生态系统服务价值进行了简洁明确的分类，之后其他所有价值化体系都或多或少地参考了 Costanza 对自然资源价值的分类。但这一模型估值结果中对农地（尤其是食物供给价值）的估值过低，对湿地的估值过高且没有考虑到不同地区自然条件、社会生产力水平的差异。这一模型是基于全球层面的宏观分析，对实际做出自然资源的开发与保护相关决策的地方政府没有太大的参考价值。

值得注意的是，Costanza 的量表估计的是自然资源的年化流量价值，在做出自然资源开发与保护的相关实际决策时使用较多的往往是存量价值，这就涉及贴现的问题，但由于对生态系统服务整体上的价值评估着眼过于宏观，量表中栏目众多，而不同的项目在实际贴现过程中应当采用不同的贴现方案，这就导致实际上对自然资源整体价值进行贴现是不现实的。同样作为年化流量价值，这一估价结果可以很好地同 GDP 等年化流量数据形成比照，有着很好的参考价值。Costanza 的量表更多地利用于某一地区整体自然资源价值的评估，涉及具体的开发项目时，我们使用的往往不是总体量表而是对某一地区的某几种自然资源价值进行评估。

Costanza 的研究方法为世界范围内的生态系统服务价值核算提供了一个标准的

思路，国内也涌现出了大量自然资源服务价值的研究，陈仲新和张新时（2000）以全国植被分布图为基础数据来源使用 Costanza 的定价表对我国自然资源服务价值总量进行过估算。这一估值尝试体现出 Costanza 的估值方法在我国应用存在较大的问题。学术界对 Costanza 的量表进行分析后认为其在我国应用主要存在如下问题：

① Costanza 的估值是根据西方发达国家的物价水平做出的，而 2000 年时我国的经济发展水平显著落后于西方国家，直接套用这一量表会极显著地高估自然资源价值；

② Costanza 的估值体系中湿地部分偏高，而农地部分主要是食物供给价值又非常低，而我国农地所占比例较全球水平高，湿地所占比例较全球水平低，这就导致我国的自然资源价值被低估；

③ Costanza 的估值体系中没有很好地区分直接价值和间接价值。

谢高地等（2015）在 Costanza 等的研究基础上，提出了以单位面积农地的食物生产价值作为单位当量因子，依据不同类型的自然资源价值与单位面积农地的食物生产价值做比值，并利用问卷调查的方法对量表进行修正，得到了一个在我国比较适用的自然资源服务价值量表（表 4.2）。谢高地等（2015）将 Costanza 的 11 类土地和 17 类价值简化为农田（水田、旱田）、森林（针叶林、针阔混交林、阔叶林、灌木林）、草地（草原、灌丛、草甸）、湿地、荒漠（荒漠、裸地）、水域（水系、冰川、积雪）14 类土地类型，供给服务（食物生产、原材料生产、水供给）、调节服务（气体调节、气候调节、净化环境、水文调节）、支持服务（土壤保持、维持养分循环、生物多样性支持）、文化服务 11 类价值。

表 4.2　谢高地等（2015）所使用的生态系统服务价值量表

生态系统分类		供给服务			调节服务				支持服务			文化服务
一级分类	二级分类	食物生产	原料生产	水资源供给	气体调节	气候调节	净化环境	水文调节	土壤保持	维持养分循环	生物多样性	美学景观
农田	旱地	0.85	0.40	0.02	0.67	0.36	0.10	0.27	1.03	0.12	0.13	0.06
	水田	1.36	0.09	−2.63	1.11	0.57	0.17	2.72	0.01	0.19	0.21	0.09
森林	针叶林	0.22	0.52	0.27	1.70	5.07	1.49	3.34	2.06	0.16	1.88	0.82
	针阔混交林	0.31	0.71	0.37	2.35	7.03	1.99	3.51	2.86	0.22	2.60	1.14
	阔叶林	0.29	0.66	0.34	2.17	6.50	1.93	4.74	2.65	0.20	2.41	1.06
	灌木林	0.19	0.43	0.22	1.41	4.23	1.28	3.35	1.72	0.13	1.57	0.69
草地	草原	0.10	0.14	0.08	0.51	1.34	0.44	0.98	0.62	0.05	0.56	0.25
	灌丛	0.38	0.56	0.31	1.97	5.21	1.72	3.82	2.40	0.18	2.18	0.96
	草甸	0.22	0.33	0.18	1.14	3.02	1.00	2.21	1.39	0.11	1.27	0.56
湿地	湿地	0.51	0.50	2.59	1.90	3.60	3.60	24.23	2.31	0.18	7.87	4.73
荒漠	荒漠	0.01	0.03	0.02	0.11	0.10	0.31	0.21	0.13	0.01	0.12	0.05
	裸地	0.00	0.00	0.00	0.02	0.00	0.10	0.03	0.00	0.00	0.02	0.01
水域	水系	0.80	0.23	8.29	0.77	2.29	5.55	102.24	0.93	0.07	2.55	1.89
	冰川、积雪	0.00	0.00	2.16	0.18	0.54	0.16	7.13	0.00	0.00	0.01	0.09

谢高地等(2015)使用的这一价值当量表有以下优点：

首先，使用单位面积农地食物生产价值作为单位元，每一研究区域的单位面积农地所生产的粮食都有很好的市场公允价值，且可以通过每年国家统计局的《全国农产品成本收益汇编》很容易得到准确实时的数据，核算起来非常方便；

其次，不同地区由于其经济发展水平不同（劳动力成本、土地成本等不同）、自然条件不同（粮食亩产不同），其单位面积农地的食物生产价值不同（单位面积农地生产粮食的净利润不同）。在使用基于单位面积农地食物生产价值的自然资源价值当量表进行核算的过程中，所使用的当量因子价值能够部分体现出当地的地区特性，可以更好地反映当地的自然资源价值。

近年来，谢高地等(2015)确定的生态系统服务功能基准单价在国内生态系统功能价值评估中得到较普遍的引用。杨勇等(2017)综合了谢高地和 de Groot 的修正方法对定价数据进行了修正，主要是提高了食物生产和原材料供给的相关价值比重，并且尝试使用卫星影像对全国的自然资源生态系统服务价值进行评估。

应当注意的是，谢高地等(2015)使用的当量价值表是基于草原生态系统的情况进行估计和设计的，在实际使用时应当考虑适当修正的问题。价值量表使用较为方便，且较之生态系统服务价值分项评估考虑到了价值的整体性问题，在整体层面有更好的准确性，但分析每一项生态系统服务价值时可能会产生较大的误差。

4.2.3　部门自然资源价值评估模型

(1)矿业和能源价值

矿业和能源资源在资源经济学领域又常常被称为可耗竭性资源，其存在以下特征：被使用后存量一定减少；在可预见的时间内存量不会增加；其存量的减少速度是资源使用速度的单调递增函数；只有在有一定的存量时这种资源才能够被使用。

矿产资源的价值通常由矿产资源生产成本、资本利润、地租三部分组成：

①矿产资源生产成本，主要为矿产从开发到成品之间投入的成本（主要是劳动成本）；

②资本利润，由于地域性强、前期投入成本高等因素，矿产资源的开发天生具有垄断性，具有垄断特性的企业在传统的机会成本之外会有超过机会成本的剩余部分出现（市场优势）；

③地租，世界上所有国家中，国家和政府才是土地的最终分配人，矿产资源作为一种具有垄断利润的优质土地资源，国家实际上拥有对矿产资源垄断利润的最终所有权，作为获取这一所有权的代价，矿产资源开发者势必需要向国家支付地租。

由于矿产和能源交易的高度市场化，现行的矿产资源和能源价值评估一般都以公允市场价格作为估值，但这一市场价格还受到许多市场因素影响，有时并不能很好地反映矿业和能源价值。为避免重复计算，可以将矿产自然资源开发相关的环境成本计算到生态系统服务价值当中。

目前常用的矿产资源价值核算方法有贴现现金流量法（期权定价法）、开发成本法、地勘加和法、丰度基价法、比较定价法。其中，地勘加和法是贴现现金流量法和开发成本法的综合，能比较好地反映矿产资源的内在价值。丰度计价法和比较定价法是直接基于市场价格的定价方法，使用简便且价格公允，常见于实际矿产资源交易中。

地勘加和法的计算公式为：

$$V_S = V_K + V_M = \sum_{T=1}^{M} \frac{E_T}{(1+R_T+R_R)^T} + V_L(1+R_T)^{-M} - V_0 + V_K(1+R_T)^{T_K}(1+F)(1-Z) \tag{4-13}$$

式中：V_S 为矿产资源价值；V_K 为矿产资源勘测综合成本；V_M 为基于贴现法的矿产资源总量价值；T 为该矿产所开采的年份；E_T 为当年份所开采的矿产价值；R_T 为折现率；R_R 为风险收益率；V_L 为结束开采后剩余矿产价值；V_0 为矿产开采前的综合资本投入；V_K 为勘探成本；T_K 为勘探时间；F 为勘探风险系数，对勘探过程中存在的勘探失败的可能性的补偿；Z 为勘探失误系数，对勘探报告不准确而造成矿物获利能力降低的补偿系数。

比较定价法的计算公式为：

$$V_S = V_X \cdot U \cdot Q \cdot P \cdot E \tag{4-14}$$

式中：V_S 为所要估计的矿产资源价值，V_X 为作为标的物的已知矿业资源市场价格，U 为规模调整系数（两个矿产资源储量之比），Q 为质量调整系数（不同矿产资源其矿物质量不同市场价格也有很大差异），P 为价格调整系数（不同时间的矿产价格不同），E 为残差系数。

(2)土地资源价值

土地资源价值的核算是一个古老的话题，最早可以上溯到19世纪末古典土地经济学家的研究。土地资源的价值主要由土地质量（李嘉图模型）和土地区位（杜能模型）两个部分构成，其中土地质量在农业土地资源估值中较为重要，土地区位则在城市和工业土地资源估值上较为重要。

土地资源价值核算通常认为土地的租金能够比较好地反映土地的价值，在理想情况下应当有：

$$V = \int_0^\infty e^{-rt}[p_h(t)] \mathrm{d}t \tag{4-15}$$

式中：V 为土地价值，r 为折现率，p_h 为地租，t 为租期。

由于土地市场数据方便易得，通常直接使用当地的土地市场价格作为当地的土地资源价值。

4.3 自然资源资产负债表及其编制

4.3.1 综合环境与经济核算体系及其发展

国民经济核算体系（SNA）是现代西方经济学和统计学研究的重要成果，是目前对经济发展状况进行量化管理和分析的基础。目前公认 SNA 核算体系能够全面反映一个国家和地区的国民经济发展水平。传统的国民经济核算体系以国内生产总值为主要指标,这一核算过程严重忽略了自然资源的价值以及产业发展的外部性问题,在核算过程中只考虑到产业经济的发展而未考虑到经济发展过程中对自然资源的耗损,在这样一种核算体系中,决策者容易产生一种经济发展和国民福利只与产业经济有关而自然资源接近于免费的错觉,在做出决策时不能有效地考虑到总体经济效益。在决策时对产出的高估和对自然资源耗减的忽视,又会进一步恶化自然资源条件,极大损害整体国民福利。且 SNA 体系由于没有考虑到自然资源的耗减,在整体上对 GDP 的增量存在着明显高估,不能正确反映国家和区域的发展水平。

20 世纪 70 年代以来,随着石油危机的爆发,可持续发展理念开始在西方发达国家出现,美国的一些经济学家开始呼吁对 GDP 核算体系进行修正,从其中扣减自然资源损耗和环境退化的部分以形成"绿色 GDP"。

1993 年联合国同国际货币基金组织、世界银行一道发布了《综合环境与经济核算手册》(System of Integrated Environment and Economic Accounting,SEEA-1993),正式定义了"绿色 GDP"这一概念,其定义的绿色 GDP 为将自然资源耗减和自然资源保护费用从当年份通过传统核算体系核算出的 GDP 中扣减,绿色 GDP 占总 GDP 比例越高则反映在生产过程中对资源的使用效率越高。联合国在提出 SEEA-1993 之后,各国在实际统计核算中发现了许多困难,为此又陆续推出了 SEEA-2003、SEEA-2008 和 SEEA-2012 对综合环境经济核算体系进行修正和细化,基于 SEEA 体系,目前美国、德国等西方国家已经有比较完善的核算体系。

改革开放以来,我国经济快速发展,自然资源的开发与保护之间的矛盾愈发突出。但长期以来,我国一直使用传统的 SNA 核算体系,该核算体系对自然资源耗减的忽视这一结构性缺陷直接导致了我国地方政府开发时的"唯 GDP 论"和对自然资源严重的破坏性开发。为了实现可持续发展和建设资源节约型、环境友好型社会这一目标,建立绿色国民经济核算体系势在必行。

目前,国内关于自然资源综合价值核算的研究仍处在理论探索阶段。改革开放前受到计划经济的影响,国内学术界曾经长期认为自然资源没有价值。国内对自然资源核算的研究主要始于 1980 年之后,对综合环境和经济核算体系的相关讨论和研究主要在国家环保总局与国家统计局的相关学者间进行。国家统计局在 2002 年提出的《中国国民经济核算体系》设置了自然资源实物量表作为附加账户,并尝试编制了全国范围内的自然资源实物量表,还组织翻译了 SEEA-2003 核算手册。在 SEEA-2003 核算体系被引入中国后,国内相关研究也大量涌现,为国内开展环境核算提供了一般性的思路与方法,并就环境与经济核算的理论框架进行了初步的探讨。

近年我国正在各地市稳步推进综合环境经济核算的试点工作,但中国环境经济综合核算体系(Chinese system of environmental and economic accounting,CSEEA)尚未形成一个统一完整的体系,相关法律也没有对此做出明确的规定和协调,我国环境经济综合核算总体来看尚处在起步阶段。

4.3.2 自然资源资产负债表的提出和发展

自然资源资产负债表是衡量某一区域范围内自然资源在实物和价值方面的存量以及在一定时期内的变化量情况,从而全面反映当期各个经济主体对自然资源的拥有、使用、治理及保护等内容的报表。具体来说,自然资源资产负债表就是将自然资源资产的当下存量及其一段时间之内的变动状况,以整体记录当期(期初与期末之差)自然资源以及各经济实体对自然资源资产的利用、耗费、恢复等行为,记录短期之内自然资源量的实际变化。

研制自然资源资产负债表并探索其实际应用是健全我国自然资源资产管理制度的重要研究内容。我国政府对自然资源资产负债表编制非常重视,国家统计局组织翻译了 SEEA-2003,并编制了一系列《中国环境经济核算研究报告》,在党的十八届三中全会报告中明确提出了编制自然资源资产负债表的任务。2015 年 11 月,国务院办公厅印发《编制自然资源资产负债表试点方案》,提出对自然资源资产要逐渐完善其负债表编制制度。自然资源资产负债表能够有效准确地反映出自然资源资产在核算过程初期以及末期的资源存储情况,以及这个过程中自然资源的量的变化。但由于环境经济核算的复杂性和客观难度,目前在国内尚且还没有一个标准化的自然资源资产负债表编制体系。

世界上不同的国家根据各国国情制定了不同的资源和环境核算方法,各国自然资源资产负债表编制方法比较如下。

(1) SEEA 体系

联合国的综合环境与经济核算体系(System of Integrated Environmental and Economic Accounting,SEEA)基于自然资源资产负债表对自然资源资产进行价值评估。这一资产负债表的构筑是基于已有 SNA 核算体系中的国民经济核算账户设计的,采用了很多成熟的核算方法,有比较好的会计适用性。同时 SEEA 中的自然资源账户采用复合流量账户(同时统计实物量账户和价值量账户)的方法进行编制,对自然资源评价有着很好的适用性。SEEA 核算体系的主要功能在于用指标反映环境的现状并且表明环境与经济发展之间的关系(SEEA 核算表和 SNA 核算表有很好的通用性),可以为相关政策的制定起到很好的参考价值。目前世界各国的自然资源资产负债表的编制多基于联合国的 SEEA 体系。

在 SEEA-2012 框架中认为,自然资源资产发生变化的主要原因是耗减,而形成耗减的主要原因在于消耗量超过了自然资源的再生产能力。基于这一思路,可以使用类似于长期固定资产折旧的办法提取自然资源使用成本。SEEA-2012 中明确的自然资源资产分为水资源、水产资源、土地资源、土壤资源、木材资源、矿物资源和其他资源七大类,且在核算表中实物量表和价值量表采用完全相同的基本架构,英国、芬兰等其他国家的自然资源资产负债表编制基本上都是基于这一体系。

(2) 欧盟 SERIEE 体系

欧洲环境经济核算系统(SERIEE)中将自然资源资产负债表分为使用和管理、支出账户、产业记录账户、特征活动投入产出分析账户及物质流账户 5 组国民收入核算体系的子账户。SERIEE 中最重要的是对污染治理成本的核算,重点突出了污染者付费的思路,在这一体系中通常将污染治理成本算入自然资源负债中,这一方法后来也被 SEEA-2012 中吸收。

(3) 菲律宾 ENRAP 体系

菲律宾很早就提出了其自然资源资本核算体系,其核算体系的特点是将自然环境作为社会生产部门进行核算,这一生产部门生产非市场化的环境服务价值作为正产出,生产环境污染损失价值作为负产出,在负债一栏单计自然资源净资产,这一体系比较注重对生态系统服务价值的核算。

(4) 澳大利亚 AWASI 体系

澳大利亚存在水资源分配极其不平均的问题,因此其自然资源价值核算体系的核心在于对水资源价值的核算。AWASI 体系中将水资源的核算要素分为水资源资产、水资源负债、水资源资产变动、水资源负债变动和水资源净资产五个核心要素,同时这一核算体系中也提供了许多水资源评估的思路。

(5) 荷兰 NEMEA 体系

NEMEA 体系最早是基于大气排放物账户构建的,其主要包括排放物账户、国家环境账户、全球环境主题账户三个构成要素,其特点是主体化(比如分为温室效应主题账户、臭氧层破坏主题账户等)和核算以实物核算为主。

4.3.3 资产负债表构筑思路

资产负债表核算中包括存量核算和存量变化核算。存量核算是指对某一时间按地点的经济资产和规模的核算;存量变化核算是指对两个时间点资产负债之间变动的核算。存量核算和存量变化核算之间存在如下平衡关系:期初存量＋当期变化＝期末存量,这一资产负债表构筑的基本思路在自然资源资产负债表中同样适用,资产负债表的一般框架如表 4.3 所示。

表 4.3 资产负债表的一般框架

	非金融资产		金融资产
	生产资产	非生产资产	
期初存量			
存量增加			
经济原因			
其他原因			
存量减少			
经济原因			

续表

	非金融资产		金融资产
	生产资产	非生产资产	
其他原因			
其他变动			
期末存量			

通常，根据资源功能的不同，价值评估的方法也会不同。物质性的自然资源可以直接投入生产过程当中，其价值可以表示为最终商品价值的一部分，这一类资源估价的过程实际上就是对商品中所包含的这一部分价值的度量。而服务价值部分由于不方便直接核算，通常我们将其转化为生产过程对环境的不良影响进行估值。因此，自然资源资产负债表中的估值可以分为基于成本的核算和基于损害的核算两个部分，通常将基于成本的核算部分借记于资产负债表左侧，而将基于损害的部分贷记在右侧。

4.3.4 自然资源资产负债表的项目组成

(1) 自然资源资产栏目

目前比较常见的自然资源资产核算报表中将自然资源资产分为矿产和能源资源、土地资源、土壤资源、木材资源、水生资源、水资源等7～10个大类，可以细分成30～50个二级目录和数百个三级目录。对其中的每一项列报表都可以通过SEEA核算体系中的期初期末变化核算进行会计分录核算。

(2) 自然资源负债栏目

自然资源资产负债表的负债部分通常被分为环境保护负债、资源管理负债（资源开发耗减）、因自然因素导致的负债等3～5个大类，可以细分为30～40个的二级目录和上百个三级目录。

需要注意的是，SEEA原表中并没有包含自然资源负债的栏目，SEEA核算表更多是一种期初期末资本变动核算表，但毋庸置疑的是，自然资源是存在负债项目的，这一负债依凭的是人类对自然资源造成破坏时所产生的现实责任。

(3) 自然资源净资产部分

此处提及的自然资源净资产是会计意义上的净资产，也就是所有者权益的部分，所反映的是一个地区或是国家对自然资源的最终控制的量。

需要注意的是，目前自然资源资产负债表编制过程中在自然资源资产部分仅考虑了自然资源的直接价值，亦即矿产和能源价值、土地价值、可再生自然资源供给价值、水资源价值，而将自然资源生态系统服务价值大部分纳入由污染造成的环境负债中考虑。这样做的优势在于避开了不好核算的生态系统服务价值部分，提高了核算的可行性，但这样处理存在不能有效地显示自然资源生态系统服务价值的问题，对自然资源生态系统服务价值存在明显的低估。

4.3.5 自然资源资产负债表框架

SEEA核算体系中提出的自然资源资产核算思路框架如表4.4所示。

表4.4 SEEA中的自然资源资产负债表理论框架

		期初存量	经济资产	环境资产		
			+			
		国内生产	最终消耗	资本形成	资本积累	国外
产品供给		产出O				进口M
		环境相关EP				环保相关EP
产品需求		中间消耗IC	最终消耗C	总资本形成CF		出口X
						环保相关EP
固定资产使用		固定资产消耗CC		资产消耗CC		
增值(NDP)		增值VA VA=O−IC−CC				
自然资产使用		环境成本EC 物质投入MI 土地使用L 排放物E	环境成本EC 物质投入MI 土地使用L 排放物E	自然资本消耗EC 自然资源耗减(ΔMI) 存量净增量NAS 环境质量的变化ΔEQ		原材料进口/废物和残留物的出口XMI
绿色指标			家庭残余物排放TDO	NAS=CF−CC−EC	+	
					+	
					其他资产变化OVC	其他资产变化OVC
					=	
				期末存量	经济资产CAPF	环境资产CAPN

中国社会科学院工业经济研究所在《中国产业智库报告:自然资源资产负债表的编制探索》一书中设计的自然资源资产负债表如表4.5所示。

表4.5 中国社会科学院工业经济研究所设计的自然资源资产负债表理论框架

自然资源资产	期初存量		期末存量		自然资源负债和净资产	期初存量		期末存量	
	实物量	价值量	实物量	价值量		实物量	价值量	实物量	价值量
1 能源资源					1 环境保护负债				
1.1 煤炭					1.1 废水排放负债				
1.2 油页岩					1.2 化学需氧量排放负债				
1.3 石油					1.3 氨氮排放负债				
1.4 天然气					1.4 废气排放负债				
1.5 煤层气					1.5 二氧化硫排放负债				

续表

自然资源资产	期初存量		期末存量		自然资源负债和净资产	期初存量		期末存量	
	实物量	价值量	实物量	价值量		实物量	价值量	实物量	价值量
1.6 其他自然能源资源					1.6 氮氧化物排放负债				
2 矿产资源					1.7 烟尘排放负债				
2.1 金属矿产资源					1.8 一般工业废物排放负债				
2.2 非金属矿产资源					1.9 二氧化碳排放负债				
3 土地资源					2 资源管理负债				
3.1 耕地					2.1 矿产和能源管理负债				
3.2 园地					2.2 木材资源管理负债				
3.3 林地					2.3 水生资源管理负债				
3.4 草地					2.4 其他生物资源管理负债				
3.5 商业用地					2.5 水资源管理负债				
3.6 工业用地					2.6 其他资源管理负债				
3.7 宅地					3 自然气候负债				
3.8 公共管理与服务用地					3.1 因地址导致负债				
3.9 特殊用地					3.2 因海啸导致负债				
3.10 交通用地					3.3 因台风导致负债				
3.11 其他土地					4 自然资源净资产				
4 林业资源					4.1 生态价值				
4.1 森林					4.2 经济价值				
4.2 林木					4.3 文化价值				
4.3 其他林业资源					4.4 历史价值				
5 水资源									
5.1 地表水									
5.2 地下水									
5.3 土壤水									

在这一理论框架的基础上，中国社会科学院工业经济研究所于2015年核算了我国2002年、2007年和2012年的自然资源资产负债表。这是我国首次对自然资源资产负债表进行完整的核算。

自然资源资产负债表涉及多个学科的相关知识，在实际核算过程中操作难度较大，可能存在以下几个问题：

（1）如何协调各个学科中不同的统计思路和核算方法；

(2) 对一些无法进行直接市场估值的服务价值如何选择估值和贴现方法；

(3) 在核算过程中如何从各个不同部门获得相关数据；

(4) 如何精确地界定各个种类的自然资源，避免重复计算或是自然资源概念扩大化。

4.4 小结

自然资源资产是国家赖以生存的一项重要资产，也是衡量国家国民经济状况的一个重要指标。对自然资源资产进行核算研究，不仅有助于了解和掌握现存的自然资源资产情况，还有助于提高和优化其自然资源的利用。开展自然资源资产价值评估和核算是我国落实中央关于推进生态文明建设、编制自然资源资产负债表和实施领导干部自然资源资产离任审计的重要基础。

关于自然资源资产价值评估和核算，国内外学者在自然资源的单项价值核算、自然资源总体价值核算、自然资源资产核算表的编制等方面开展了大量研究，也取得了许多重要的进展。但自然资源总体价值范围模糊，体系庞大，自然资源资产种类繁多，全面核算的难度非常大；自然资源资产价值核算跨众多学科，而不同背景的学者所做的研究可能不是基于同一种理论，相互之间缺乏参考；自然资源资产空间分布不均匀，具有区域性，且大多数自然资源资产还没有市场价格，难以将其资本化；核算自然资源资产价值量的方法及相关的计量技术标准化程度偏低，还没有形成成熟的核算计量范式，亟须一套社会各界普遍认可的范式体系。

在现有的研究基础和研究水平下，自然资源资产核算可以实物计量为基础和起点，借助现有市场价格机制，结合国家、地区或当地具体情况建立实物账户估价体系，有机整合实物账户与价值账户，全面描述包括具有隐性经济价值在内的自然资源资产的实物账户和/或价值账户变动情况。在核算方面，不仅要细分自然资源资产，多管齐下，促使自然资源资产定价市场化，使我国的自然资源资产价值能充分反映市场价值，还要进行自然资源资产结构列示，以环境会计科目或项目形式编制自然资源资产负债表，反映自然资源的项目变化和资产变化，反映自然资源资产投资损失对生态环境的产出过程影响程度；同时还要加强自然资源资产核算，建立和完善自然资源资产的自然资源、环境资源账户，进行自然资源资产的增值分类评价和可持续性评价，创新自然资源资产负债表账户和编制。另外，可以分类建立评价指标，针对不同类别自然资源资产，优先选择现行的、相对成熟的评价指标，构建由单项自然资源资产管理效果指标和区域自然资源、生态环境与社会经济协调性指标共同构成的指标体系。

第 5 章

自然资源资产与负债核算技术

自然资源核算是自然资源资产负债表编制工作的主体工作,包括资产核算与负债核算两部分内容。本章重点介绍主要自然资源资产核算与自然资源负债核算的技术流程与核算方法,主要自然资源类型包括土地资源、水资源、森林资源和矿产资源。

5.1 概述

5.1.1 实物量与价值量

在资源环境核算理论框架下,自然资源资产负债表的计量方法主要包括实物量核算和价值量核算。实物量核算是指充分利用区域的资源环境统计数据,采用账户的形式,反映核算期内研究区自然资源存量、使用状况及其对生态环境的影响。其中,能直接获得数据的核算指标直接采用统计数据值,不能直接采用统计数据值的核算指标可通过估算获得。价值量核算则是在实物核算的基础上通过估价进行的综合性核算,目前尚无统一的自然资源价值化方法体系。其中具有市场交易的自然资源,直接采用市场价格进行核算,如水资源采用分区分类的水资源费作为量化依据;在不具备成熟市场交易的情况下,可采用间接方法进行估算,如替代市场法、维护成本法、意愿评估法等。

5.1.2 存量与流量

自然资源的核算主要是针对自然资源的静态(现有存量)及动态(流量)进行核算。根据 SNA 的定义,所谓流量是指一定时期内的行为和所发生的事件的效果;而存量则是指某一时点的状况。因此,自然资源资产负债价值核算,其一是自然资源实物数量的静态/动态衡量,其二是有关自然资源价值量的静态/动态衡量。以土地资源、水资源、森林资源和矿产资源为研究对象,在进行自然资源核算过程中,在整合资源属性、资源利用过程、资源数量和质量变化信息的基础上,从存量到流量,分门别类建立实物型和货币型的存量与流量账户,定量评估核算区主要自然资源的禀赋特征、利用状况与变化规律,再从分类到综合,建立研究区不同时期的自然资源综合核算账户,定量评估自然资源资产构成及其动态变化,为编制自然资源资产负债表提供自然资源资产参数和动态评估技术。

5.1.3 资产与负债

对于自然资源核算与资源资产动态变化的研究中,以核算人类经济活动对自然资源资产的消耗为主旨,把自然资源资产因经济利用活动的变化、生态保护活动的变化和自然变化纳入核算体系中,整合归纳各种资源在多种利用方式下的价值量变化及经济系统对资源匮乏做出的反馈。我国同时面临资源耗减和环境退化两方面的挑战,不同区域具有不同的资源禀赋和经济发展特点,与经济体系的联系方式也多种多样。当由于核算主体以往的经营活动、意外事故或预期可能发生的事项导致自然资源产生了净损失,对环境、生态造成的影响便为核算主体未来将要发生的支出,即产生了资源的负债。由此可依据资源种类不同进行资源耗减、环境损害与生态破坏三方面负债内容的核算。通过综合资源资产与负债的核算,利于自然资源资产负债状态的准确评估,并利于政府对资源可持续利用问题进行有效决策和干预。

5.1.4 资源分类与表式结构

自然资源资产负债表核算范围一般应包括核算区行政区域内的土地资源、水资源、森林资源与矿产资源,以及环境质量与生态功能。其中,土地资源根据国家标准《土地利用现状分类》(GB/T 21010—2017)进行分类,一级分类重点核算内容包括耕地、园地、林地、草地、水域及水利设施用地,并向下细分至二级;水资源包括区域内的河流、湖泊、坑塘、水库等地表水资源以及地下水资源和水域面积资产;森林资源包括林地资源和林木资源两部分。根据《土地利用现状分类》体系,林地资源核算包括有林地、疏林地及其他林地。林木核算以《林业资源分类与代码 森林类型》(GB/T 14721—2010)体系为准,包括各类天然林、人工林和其他林木;矿产资源核算包括能源矿产、金属矿产与非金属矿产;环境核算重点包括大气环境、土壤环境和水环境;生态核算主要包括森林生态系统、草地生态系统和湿地生态系统。

自然资源资产负债表总表是自然资源资产负债表的最终成果输出,综合反映核算期内区域自然资源的使用状况及其对生态环境的影响。自然资源资产负债表总表中列示资产类、负债类与资产负债差额类,其中资产类主要包括土地资源资产、水资源资产、森林资源资产和矿产资源资产,负债类主要包括资源过耗、环境损害与生态破坏三项内容,二者之差构成资产负债差额。分类自然资源资产负债表反映某一时点各类自然资源资产的存量,体现核算期内自然资源资产的变化量,揭示核算期内各类自然资源利用对生态环境的影响。自然资源资产负债表的分类核算表主要包括土地资源资产负债表、水资源资产负债表、森林资源资产负债表和矿产资源资产负债表。

5.2 土地资源资产与负债核算技术

土地资源是重要的自然资源,因此土地资源核算是自然资源核算的重要组成部分。土地资源核算是在真实统计和合理估价的基础上,从实物、价值和质量等方面对一定时间和空间内的土地资源进行统计、核实和测算其总量和结构变化,并反映其平衡状况的工作。土地资源核算通过记录土地利用形式及其价值存量、流量的变化,可为政府制定土地利用总体规划、编制用地计划及保证土地可持续利用提供依据。

20世纪70年代,随着资源环境与经济发展之间的矛盾日益突出,国际通用的国民经济核算体系片面性、局限性逐渐凸显,发达国家开始进行自然资源核算,土地资源核算是自然资源核算的重要内容。挪威是最早进行自然资源核算的国家,1978年挪威统计局负责开始进行自然资源核算和环境核算的相关研究工作,并于1987年出版发布《挪威自然资源核算报告》,公布了包括土地资源在内的重要资源实物量核算结果。20世纪80年代,法国、芬兰、墨西哥等国也先后开展自然资源核算工作,土地资源核算都是其中重要的组成部分。各国自然资源核算研究与实践推动了自然资源评估核算与国民经济核算体系(SNA)相衔接,1993年联合国统计司建立了与SNA相一致的、可系统地核算环境资源存量和资本流量的框架,即综合环境与经济核算体系(SEEA-1993),成为自然资源核算研究领域的里程碑事件。SEEA体系中土地资源核算账户是七大自然资源资产核算账户之一,SEEA中心框架建议对于土地资源核算账户类型按照土地覆被和土地用途两个标准划分,分别编制土地存量变动表和土地变动矩阵。世界各国在借鉴SEEA体系基础上,结合自身国情提出了各自的自然资源核算体系。例如,加拿大环境资源账户体系(CSERA)中将土地资源核算账户分为土地区位、土地覆被、土地用途、土地潜力和土地价值5个层面;英国、法国和俄罗斯统计局在SEEA体系基础上,拓展了土地资源、底土资源和非耕地资源的核算内容。除上述国家外,美国、日本、阿根廷、印度、芬兰、荷兰、菲律宾等国家也基于SEEA体系开展了自然资源核算探索研究;在各国实践的基础上,联合国不断完善SEEA体系,先后推出了SEEA-2000、SEEA-2003和SEEA-2012,为进一步规范各国自然资源核算提供了科学指导。

20世纪80年代末,我国在借鉴国外相关研究成果和联系中国自然资源禀赋特征的基础上,开始进行包括土地资源在内的自然资源核算工作。1988年国务院发展研究中心与世界资源研究所联合开展的"自然资源核算及其纳入国民经济核算体系"课题研究正式拉开了我国自然资源核算研究的大幕,该项目拓展了将土地等自然资源纳入国民经济核算体系的理论与方法。1992年,外交部、国家环保局提出的"关于联合国环境与发展大会的情况及有关对策的报告"中强调,支持研究并试行把自然资源和环境纳入国民经济核算体系,我国的国民经济核算体系由物质产品平衡表体系(MPS)转型为SNA。1999年,中国提出了以SEEA-1993为基础的中国环境经济综合核算框架(CSEEA),从投入产出核算、环境经济综合核算、社会核算矩阵等方面提出土地等自然资源核算方法。2001年,国家统计局开展了自然资源核算工作,重点试编了《全国自然资源实物表》,包括土地等自然资源核算,但没有进行价值核算;2003年,国家统计局出版的《中国国民经济核算体系2002》中设置了实物量自然资源核算表作为卫星账户,并拟定核算方案编制了2000年全国土地等资源实物量表,并开展了资源价值量核算。

土地资源核算分为实物量核算与价值量核算两个方面,早期的自然资源核算体系对土地资源的核算只停留在实物量层面,现阶段的自然资源核算体系虽为土地资源价值量核算提供了理论与方法指导,但受价值化方法、基础数据、关键参数等因素限制,系统的土地资源价值核算实践工作难以开展。自然资源价值化方法一直是自然资源核算研究领域的难点问题,不同学者基于不同理论提出众多价值化方法,至今尚没有相对统一的方法体系;土地资源价值核算常用方法有市场比较法、收益还原法、成本逼近法、剩余法等,各种土地资源价值化方法的含义、特点和适用范围见表5.1。在SEEA体系中推荐适用市场比较法对土地资源进行价值核算,推荐市场比较法的依据是:许多国家都存在活跃的市场进行各类土地(包括住宅用地、工业用地和农业用地)的购买和销售。我国分别在2012年和2014年颁布了《农用地估价规程》和《城镇土地估价规程》,阐明了在我国各种土地资源价值化方法的标准与规范。由此可见,目前尚未形成权威的、规范性的土地资源核算方法。

表5.1 常用土地资源价值化方法含义、特点和适用范围

名称	含义	特点	适用范围
市场比较法	将待估土地价格与近期已经发生交易同类土地进行对照,修正得出待估土地价格的方法	需要有同类型土地近期交易数据;需要多因素对参照价格进行修正;适用范围广,但理论基础不完善	适用于各种类型、各种性质土地的价值核算
收益还原法	将获取土地作为一种投资,投入的资本即为购买未来若干年土地收益的地价款	具有理论基础,所求价格为收益价格;还原结果准确度取决纯收益和还原利率的准确度	最适合获取以收益为目的土地资源的价格
成本逼近法	以开发土地资源所消耗的各项费用为基础,再加上正常利润和应缴税金等来进行土地估价	适用范围比较窄;当市场狭小,可以弥补市场法和收益法的不足;未考虑实际土地市场的有效供需关系	适用于新开发土地资源的价值核算
剩余法	在估算开发后土地正常交易价格的基础上,扣除建造费、利息、税费等相关费用,用剩余数确定估价土地的价格	从开发商的角度估算土地价格;以一定的假设和限制条件为前提;具有动态和静态两种估价方式	适用于待开发土地、拆迁改造再开发的土地资源价值核算

5.2.1 目标与内容

土地资源核算的目标是通过翔实记录每一次因土地类型改变所带来的土地资源数量与质量的变化,评估核算期内因人类的土地资源利用活动而导致的土地资源实物量与价值量变化,以及由土地资源利用活动产生的环境影响与生态服务功能变化。

依照我国土地利用现状分类标准，土地资源资产负债表的核算范围包括耕地、园地、林地、草地和水域及水利设施用地五大自然地类，核算过程中细化至二级类。

土地资源资产负债表包括资产类核算和负债类核算两部分。其中，在资产类核算中，包括存量核算与流量核算两部分，存量核算即统计区域内核算期初和期末的各类土地资源资产总量，流量核算则按照各地类的增加和减少两个流向分支分别统计土地资源的增减情况。在负债类核算中，包括土地资源过度耗减、环境损害与生态破坏三部分。

5.2.2 核算表式

土地资源资产负债核算基本的表示结构应当包含1张主表和多张辅表，其中主表为土地资源资产负债表（价值型），用于反映研究区核算期内土地资源整体资产、负债情况。辅表包括资产类辅表和负债类辅表，其中，资产类辅表包括土地资源资产变化量核算表（实物型、价值型）、土地利用变化矩阵（实物型）、土地资源变化流量核算表（实物型）等。土地资源资产存量核算表用于反映期初、期末土地资源资产存量及其变化量，构成了土地资源资产负债表中的资产栏。土地利用变化转移矩阵用于记录由于人类的土地利用活动产生的土地资源类型的变化方式。土地资源变化流量核算表由土地利用变化矩阵分类统计各类土地资源的增加与减少情况。负债类辅表包括土地资源过度耗减核算表、土地资源环境损害核算表和土地资源生态服务功能破坏核算表。

5.2.2.1 主表

表5.2 土地资源资产价值负债表 单位：亿元

科目编号	资产类	期初值	期末值	科目编号	负债类	期末
101	耕地			201	资源过耗	
102	林地			202	环境损害	
103	草地			203	生态破坏	
104	园地			204	负债合计	
105	水域及水利设施用地					
106	资产合计			301	资产负债差额	

注：指标之间基本逻辑关系：
资产类：资产合计＝耕地＋林地＋草地＋园地＋水域及水利设施用地；
负债类：负债合计＝环境损害＋生态破坏＋资源过耗；
资源过耗：土地资源利用过程中导致各类型土地资源的转换超过合理范围的部分；
环境损害：核算处理土地资源利用过程中造成的土壤重金属、有机物、氰化物等污染物的成本代价；
生态破坏：在土地资源不合理的开发利用下，使得草地、林地、湿地等生态系统服务功能减弱或丧失。

5.2.2.2 辅表

(1) 土地资源资产存量核算表

土地资源的存量账户是对土地资源存量的定量记录，包括存量表和存量变化量表。存量表包含期初期末存量表，包括实物型（表5.3）和价值型（表5.4）两种类型。期初期末资源存量的差值在存量表中记录，即用存量变化量表展示核算期间土地资源的净变化量。

表 5.3　土地资源资产存量实物核算表　　　　　　　　　　　　单位：hm²

土地资源类型		期初	期末	变化量
耕地	水田			
	旱地			
	水浇地			
	合计			
林地	有林地			
	灌木林地			
	其他林地			
	合计			
草地	天然牧草地			
	人工牧草地			
	其他草地			
	合计			
园地	果园			
	茶园			
	其他园地			
	合计			
水域及水利设施用地	河流水面			
	湖泊水面			
	坑塘水面			
	内陆滩涂			
	水库及其他水利设施			
	合计			
总计				

注：表内主要平衡关系：土地利用一级类型用地存量等于相应二级类存量之和；各类用地存量总和为核算区域土地总面积。

表 5.4　土地资源资产存量价值核算表　　　　　　　　　　　　单位：亿元

土地资源类型		期初存量	期末存量	变化量
耕地	水田			
	旱地			
	水浇地			
	合计			
林地	有林地			
	灌木林地			
	其他林地			
	合计			

续表

土地资源类型		期初存量	期末存量	变化量
草地	天然牧草地			
	人工牧草地			
	其他草地			
	合计			
园地	果园			
	茶园			
	其他园地			
	合计			
水域及水利设施用地	河流水面			
	湖泊水面			
	坑塘水面			
	内陆滩涂			
	水库及其他水利设施			
	合计			
总计				

注：表内平衡关系：变化量＝期末存量－期初存量。

(2) 变化矩阵

按一级类划分的土地利用变化矩阵（表 5.5）主要分为两大部分，即整体各地类期初期末存量状况及该年度增减量状况的部分、详细记录存量的减少量以及对应去向的变化矩阵主体部分；变化矩阵的每一项在进行数值记录的同时，有变化原因与之相对应，便于最终流量信息的提取。

表 5.5 土地利用变化矩阵　　　　　　　　　　　　单位：hm²

变更前地类 \ 变更后地类	耕地	林地	草地	园地	水域及水利设施用地	城镇村及工矿用地	交通运输用地	其他土地	合计
耕地									
林地									
草地									
园地									
水域及水利设施用地									
城镇村及工矿用地									
交通运输用地									
其他土地									
合计									

(3) 土地资源变化流量核算表

土地资源的流量核算表综合体现核算期初与期末的存量以及核算期间的流量与流向,表格主要分两部分,第一部分记录核算期内土地资源增加的具体来源情况,第二部分记录核算期内土地资源减少的具体流向情况,并包括产生变化的原因。在存量增加与减少的各类原因统计中,可以根据实际情况增加相应的条目。土地资源的二级地类均具有独立的流量表,以耕地资源为例,其流量核算表结构如表5.6所示。林地资源、草地资源、园地资源、水域及水利设施资源等与此类同。

表5.6 耕地资源流量核算表 单位:hm²

	耕地	备注
资源存量的增加		
林地－耕地		
草地－耕地		
园地－耕地		
水域及水利设施用地－耕地		
城镇村及工矿用地－耕地		
交通运输用地－耕地		
未利用地－耕地		
其他原因导致的增加		
资源存量的减少		
耕地－林地		
耕地－草地		
耕地－园地		
耕地－水域及水利设施用地		
耕地－城镇村及工矿用地		
耕地－交通运输用地		
耕地－其他土地		
其他原因导致的减少		

(4) 土地资源过度耗减核算表

表5.7 土地资源过度耗减核算表 单位:万亩*

资源过耗	耕地资源		林地资源(亿 m³)		草地资源		水域	
	阈值	过耗量	阈值	过耗量	阈值	过耗量	阈值	过耗量
政策红线								
自然边界								
变化量								

---

* 1亩≈666.67 m²。

(5) 土地资源环境损害核算表

表5.8 土地资源环境损害核算表

指标		单位	数值	备注
环境损害	土壤污染面积	hm²		
	土壤重金属污染 — 汞	mg/L		
	土壤重金属污染 — 铬	mg/L		
	土壤重金属污染 — 铅	mg/L		
	土壤重金属污染 — 镉	mg/L		
	土壤重金属污染 — 砷	mg/L		

注：土壤污染面积：是指由于人类活动造成的土壤中的微量金属元素在土壤中的含量超过背景值，过量沉积而引起的含量过高的土地的面积；
土壤重金属污染：是指由于人类活动造成的土壤中的微量金属元素在土壤中的含量超过背景值，过量沉积而引起的含量过高的现象。

(6) 土地资源生态服务破坏核算表

表5.9 土地利用变化导致的生态服务破坏核算表　　　单位：亿元

生态服务类型	涵养水源	保育土壤	固碳释氧	净化大气	合计
林地变化					
草地变化					
总变化					

5.2.3 模型与方法

资源价值化方法包括直接市场法、替代性市场法和假想市场法三大类。根据各国资产负债表中自然资源资产估值的经验，并结合自然资源资产负债表编制的应用需求，对土地资源采用市场价格法，并选取各地区不断进行更新的基准地价作为核算基础进行土地资源资产价值化。

基准地价系数修正法是采用当地土地交易实例中的土地基准地价和基准地价修正系数表等评估成果，根据替代原则，将待估宗地的自然环境和社会经济条件等与其所处区域的平均条件相比较，并对照修正系数表选取相应的修正系数对基准地价进行修正，得到待估宗地在评估期日时的价格的方法。具体核算公式如下：

待估土地宗地地价＝基准地价×土地质量因子修正系数×土地区位因子修正系数

其中，基准地价选取利用已在研究区基准地价更新过程中使用过的基准土地价格；权值系数通过对土地质量和区位因子进行修正得到各地类的估价，两权值系数计算公式如下：

产量因子修正系数＝（目标区域单位产量）/（案例区平均单位产量）

区位因子修正系数＝（目标区平均地价）/（案例区平均地价）

5.2.4 资料来源

由于某一研究区域的土地资源总量是不变的,变化主要发生在各类土地资源之间,且在土地资源资产核算过程中,最重大的资产变化是发生在自然类型的土地资源和非自然类型的土地资源之间的转换过程中。而各类用地的数据都有各相关部门定期做常规性统计,因此,主要数据来源于统计和文献资料。具体包括核算期内土地利用现状变更调查数据,核算期内研究区农业统计数据、农业统计年报和农业经济统计年报(包括各类农用地的产量和产值等信息),核算期内核算区及其周围年份基准地价信息等。

5.2.5 技术流程

(1)基础数据资料收集与整理

土地资源核算需要的基本数据收集,主要包括:土地变更调查成果,用于提取逐年的年初年末土地资源资产的存量数据,并更新表征各年土地流量流向的变化矩阵,进一步核算土地资源流量实物表;基准地价更新成果,提取其中的基准地价,获取各地类等级和地价信息等。

(2)实物量核算

存量核算:土地资源实物存量提取的核心方法是选择提取的时间节点,寻找对应的统计年鉴或国土资源部门公布的土地利用数据,明晰数据对应的实际年份的时点做出统计,对数据中出现的数量不衔接等问题以备注形式加以注释。

流量核算:流量信息的提取以记录流量的变化矩阵的数据为基础。国土部门每一年份都对应有该年土地资源变化矩阵的统计数据,其中包含期初期末数据、各地类在本年间的变化量以及每次变化的流向。提取其中的流量流向变化数据,并加以归类分析,统计发生变化的原因,即完成对流量信息的提取。

(3)价值量核算

① 基准地价确定:根据土地交易案例建立基准地价基础信息表。

② 土地质量与区位权值系数确定:分别计算各土地利用类型质量和区位的权值,形成质量权重表和区位权值系数表。土地质量权值系数表是核算区各地类对应土地收益得到的,选择核算期间的历年平均值作为核算基础数据。

③ 各类用地地价确定

$$目标地价 = 产量权值系数 \times 区位权值系数 \times 基准地价。$$

④ 存量与流量价值核算:根据实物量的存量与流量,依据上述方法计算的土地价格进行价值核算。

(4)土地利用变化导致的生态服务变化计算

由于不同的地类提供不同类型的生态系统服务,具有不同的生态系统服务价值,因此在土地利用类型发生变化的同时,它所提供的生态服务功能的价值量同样发生改变。依据地类发生变化的实物量流量表,分别计算变化前后相应土地类型能够提供的生态系统服务价值量,从而得到这一过程中生态系统服务价值的变化。

5.2.6 注意问题

土地估价:与大多数自然资源资产不同,许多国家都存在活跃的市场来进行各类土地(包括住宅用地、工业用地和农业用地)的购买和销售。但是,确定土地本身的价值是一项复杂的任务。

通常,土地的市场价值包括地段的价值、土地的物理属性价值和其上生产资产(如建筑物)的价值,而要分离这些价值可能很难。而且,尽管有土地市场,但是一年内的土地易手相对较少,因此观测到的价格可能没有代表性。所以,即使有价格,也很少是能覆盖所有地段、所有土地类型的一套全面的价格体系。此外,有些土地从未在市场上交换过,比如指定的公共场所下的土地以及偏远荒凉的土地。

5.3 水资源资产与负债核算技术

水资源是重要的自然资源,水资源核算是自然资源核算的重要组成部分。水资源核算是在合理估计的基础上,统计和测算某一时间和空间内的水资源实物量、价值量、流量和质量等情况的工作,水资源资产负债表用于反映核算期内某地区水资源资产存量及其变化的情况。水资源核算工作有利于摸清水资源本底、明晰水资源使用过程,为水资源合理利用、政府制定相关管理政策提供信息支撑。

水资源核算研究是在自然资源核算研究的大背景下逐渐开展的,它是自然资源核算研究的重要内容。水资源核算在原有国民经济核算的基础上,将有关水资源环境因素纳入核算范畴,尤其包括水资源损耗和水资源退化因素。20世纪70年代,随着水资源短缺问题的日益突出,关于水资源核算的问题也受到了国内外各国政府和相关部门的重视,水资源核算相关的理论探索也逐渐浮现。国际上对水资源的研究主要集中在三个方面:一是建立水的实物量和价值量账户,开展水资源核算;二是研究水资源定价问题;三是研究水资源的实物量、价值量与耗减量如何纳入国民经济核算体系中,完善宏观环境核算。通过研究分析可知,国民账户体系(SNA)、综合环境经济核算体系(SEEA)、水资源环境经济核算体系(SEEAW)以及国家资产负债表、自然资源资产负债表、水资源资产负债表之间存在着密切的联系。其中,国家资产负债表以资产负债表的形式表列整个国家"家底",与SNA理论基础一致,可脱离SNA体系进行独立编制并应用于不同领域;SEEA和SEEAW的定位是SNA的卫星账户,加入了现有SNA体系所忽略的资源环境要素,但目前实施较为困难;自然资源资产负债表和水资源资产负债表也试图通过资产负债表的概念和方法表示各类自然资源资产项和负债项,以衡量自然环境与经济社会的协调发展程度。

1993年,联合国统计司在SNA-1993基础上建立了附属账户——综合环境经济核算体系(SEEA),这是首次提出的同 SNA 体系相一致的环境资源核算框架体系。SEEA-1993 专门把水作为非生产自然资产的一个类别,建立了包括水资源在内的实物型核算账户(包括数量和质量),同时把水资源纳入实物与货币连接矩阵之中,在资源的环境经济核算混合矩阵中,又对水资源的实物量与价值量进行了专门核算。SEEA-2006 版本中讨论了水资源核算的方法,并结合案例重点探讨了水资源实物型账户的建立和核算方法,同时提及了价值核算。在 SEEA 发布最初的版本中,并未包含与水资源核算有关的内容,这主要是因为水资源具有自然和社会经济二元属性,其数据统计困难,加之当时各国有关水资源的概念、定义与分类方法不统一。因此,联合国统计司于 2006 年 11 月成立了伦敦环境核算小组水核算分组,开展水环境-经济核算账户编制工作。经过该工作组的努力,《水环境-经济核算体系》于 2007 年正式发布,该手册中包含两方面基本内容:一是水资源实物账户,用于计量水资源的存量、流量以及质量;二是水资源价值账户,即在水资源实物量评估基础上核算水资源价值及其增减状况,确定水资源价值,并将其纳入国民总财富中。

在联合国的指导和协助下,世界上许多国家开展了本国的水资源核算实践与研究工作,包括澳大利亚、挪威、德国、加拿大、法国、荷兰、西班牙、丹麦、芬兰、智利、新西兰、韩国、菲律宾、摩尔多瓦等,大多数国家的核算尚处于探索性阶段,停留于实物核算,有些只是一些典型案例和合作研究,仅侧重于提供一些资料和数据,其中澳大利亚的研究较为领先,澳大利亚统计局主要对水的存量、使用量、成本效益和水资源的最佳管理模式进行探讨和分析,并每四年出版一本澳大利亚水核算报告。各国研究成果及账户体系为水资源资产核算工作奠定了基础,有利于理清区域水资源本底、摸清水资源使用过程、合理使用水资源。

依据相关研究成果,水资源核算工作包括水资源资产核算和水资源负债核算。在传统经济学中,资产是指能给人类带来预期经济效益的有形或者无形的财富,一般而言,资产具有经济属性(为人类产生经济效益的能力)和法律效益(为企业所拥有,即使不为企业所拥有,也受企业所控制)。我国水资源属于国家所有,具有稀缺性、有用性(包括经济效益、社会效益、生态效益)以及产权明确的水资源可被称为水资源资产,其中一部分可被开发利用产生收益。负债是指企业过去交易或者事项形成的,预期会导致经济效益流出企业的现时义务。水资源具有循环性、可更新性等特性,核算期内水资源的使用、水污染物排放以及水生态破坏是否超过自身的更新能力,是衡量水资源开发利用是否形成负债的关键。由于核算主体在以往一定时间内的资源不合理开发利用导致的水资源过耗、主要水污染物超标排放导致的水环境损害,以及水生态破坏的部分被认为是水资源负债,是应当由核算主体承担的支出。水资源核算是水资源资产负债表编制的重要前提和来源,核算框架主要参考水资源核算中的核算方法与表式设计。水资源资产负债表是一个崭新的概念,尚无先例可供借鉴,加之其相关概念的不清晰、水资源的独特性以及价值化的不完善等,其编制难度系数较大。水资源资产负债表是自然资源资产负债表在水资源主题上的具体应用,研究分析水资源资产和负债有利于摸清我国水资源的"家底",能够有力推动自然资源资产负债表的研制工作。

5.3.1 目标与内容

水资源资产负债表作为编制自然资源资产负债表的重要组成部分,能够显示某一时间节点上水资源资产的"家底",反映一定时期内水资源资产的变化情况及其对生态、环境的影响;为提高水资源利用效率,促进水资源合理开发和永续利用提供信息支撑;为实行自然资源资产离任审计、建立生态环境损害责任终身追究制提供依据。

5.3.2 核算表式

水资源资产负债核算由1张主表、10张辅表共同构成,其中主表为水资源资产负债表,用于反映核算区在核算期内的水资源整体资产、负债情况。辅表包括资产类辅表和负债类辅表,其中,资产类辅表包括水资源量核算表、水域面积核算表,用于核算研究区水资源自然资产情况;负债类辅表包括水资源使用核算表、水污染物排放核算表和水生生态系统服务供给变化核算表,用于核算研究期新增水资源负债情况,上述各表均包含实物型与价值型两类。各表具体表式如下。

5.3.2.1 主表

水资源自然资产负债核算主表1张(表5.10),为价值型核算表,主要反映核算区在核算期内的水资源自然资产期初期末总量以及期内水资源负债总量。核算方法是通过相应核算主表的核算结果汇总得到。此表存在与之对应的实物型核算表,是多种自然资源核算结果加总,最终选择价值量为总表表现形式。

表5.10 水资源自然资产负债核算主表　　　　单位:亿元

科目编号	资产类	期初值	期末值	科目编号	负债类	期末
101	水量			201	水资源过耗	
102	水域面积			202	污染物超标排放	
103	资产合计			203	水生态破坏	
				204	负债合计	
				301	资产负债差额	

注:资产类:资产合计=水量+水域面积;
负债类:负债合计=水资源过耗+污染物超标排放+水生态破坏;
资源过耗:主要指核算期内区域由于水资源的不合理开发利用导致水资源的实际使用超过区域用水控制总量;
污染超标排放:主要指核算期内区域由于水资源的不合理开发,使得水体中COD、氨氮等主要污染物的排放超过污染物排放控制值;
水生态破坏:指核算期内区域由于人类不合理开发利用导致水生态系统服务供给能力的减少。

5.3.2.2 辅表

(1)水资源自然资产核算表

水资源自然资产核算辅表包括研究区水资源量综合核算表和研究区水域面积核

算表两套表格。水资源量反映区域可用的水量,水域面积则作为反映水生态环境情况本底的指标。每套表格包括实物型和价值型 2 张表,总共 4 张表格。

① 水资源量综合核算表

包含实物型和价值型 2 张表格(2 张表格式内容一致,仅单位不同,为节省篇幅将 2 张表合并展示,以下表格相同),用于反映核算区域研究期初和期末的水资源存量及价值、核算期内自然系统和社会经济系统的水量与价值变化情况。核算方法是汇总底表中期初水量存量表、核算期自然系统水资源流量变化核算表、核算期社会经济系统水资源流量表的核算结果。

表 5.11　水资源量核算表　　　　　　　　　　　　　单位:亿 m³/亿元

	核算区
期初存量	
自然系统流量变化	
降水形成的水资源量	
入流	
出流	
地下水补给	
社会经济系统流量变化	
取水量	
回排环境水量	
耗水量	
期末存量	

② 水域面积核算表

包含实物型和价值型 2 张表格,用于反映核算区域研究期初和期末的水域面积及水域价值。核算数据源于土地资源资产负债核算中的各类水域面积及价值核算结果。具体方法参考土地资源自然资产负债表编制说明。

表 5.12　水域面积核算表　　　　　　　　　　　　　单位:hm²/亿元

	河流	湖泊	坑塘水库	合计
核算期初面积				
核算期末面积				
核算期内流量变化				

(2)水资源负债核算表

水资源负债核算辅表包括研究区水资源使用核算表、水污染物排放核算表、水生态系统服务破坏核算表三套表格。每套表格包括实物型和价值型 2 张表,总共 6 张表格。

① 资源使用核算表

表格包括实物型、价值型 2 张,用于核算研究区核算期内水资源过耗情况。

表 5.13　水资源使用核算表　　　　　　　　　　单位:亿 m³/亿元

	地表水	地下水		合计
		地下水总量	其中深层地下水	
用水控制量				
实际用水量				
超标使用量				

② 水污染物排放核算表

表格包括实物型、价值型 2 张(2 张表格式内容一致,仅单位不同,限于篇幅,将 2 张表合并展示),用于核算研究区核算期内水体污染物超标排放情况,用于社会经济用水对水环境的影响。

表 5.14　水污染物排放核算表　　　　　　　　　　单位:t/万元

	氨氮	COD	合计
污染物排放控制量			
实际排放量			
超排量			

③ 水生生态系统服务破坏核算表

表格包括实物型、价值型 2 张,用于反映核算期内核算区水生生态系统服务的供给能力变化情况。

表 5.15　水生生态系统服务破坏核算表　　　　　　　　　　单位:万元

	调蓄洪水	净化水质	合计
期初生态服务存量			
期末生态系统服务存量			
期间生态系统服务变化量			

5.3.2.3　底表

涉及水资源资产负债核算的底表较多,包括了水量核算表格、水域面积核算基础表格、水体污染物排放表格、水生生态系统服务供给模拟相关表格等。

(1)核算期初水资源存量统计表

仅包括实物型表格 1 张,用于反映核算区核算初期水资源存量。

表 5.16　水资源量存量表　　　　　　　　　　单位:亿 m³

	核算区
水库存水	
河道存水	

续表

	核算区
湖泊存水	
地下水存水	
冰川存水	
合计	

(2) 自然系统水资源流量变化表

仅包含实物型表格1张，用于反映核算区核算期内自然水循环系统内的水量变化情况。

表 5.17　自然系统水资源流量变化统计表　　　　　　　单位：亿 m^3

	核算区
降水形成的水资源量	
入流	
出流	
地下水补给	
合计	

(3) 社会经济系统水资源流量统计表

仅包含实物型表格1张，用于反映核算区核算期内社会经济系统水量变化情况，主要核算社会经济系统取水、回排环境数量及总体耗水量。

表 5.18　社会经济系统水资源流量表　　　　　　　　单位：亿 m^3

	期初	期末	合计
取水量			
回排环境水量			
耗水量			

5.3.3　模型与方法

水资源使用量及过耗量核算方法是，以研究区《最严格水资源管理制度实施方案》或相关水资源规划中的全市水资源使用总量红线作为用水控制量数据，以底表中的研究区社会经济系统水资源流量表中的总取水量为实际用水量数据，核算超标使用水量，若超标使用量为负值，则按0核算。若出现超标使用情况，以区域水资源费收取标准核算超标用水量的价值。

水污染物排放量核算方法是，以核算区最严格水资源管理制度实施方案中的全市各类主要环境污染物排放控制总量数据为污染物排放控制量，以《水环境公报》等相关资料中的各类水体污染物实际排放数据作为实际排放量数据，核算超标排放量，若超标排放量为负值,则按 0 计算。若存在超标排放情况,则以主要污染物的单位治理成本,核算污染物造成的环境损失。

核算期初水资源存量核算方法是通过统计核算区期初的水库、河道、坑塘、湖泊、地下水、冰川等各类水体的水量,获取期初水资源存量数据。

自然系统水资源流量核算方法是以《水资源公报》数据为依据,对统计期内核算区的降水、蒸发、入流、出流进行统计,获得当期区域内自然系统水资源流量变化情况。

社会经济系统水资源流量核算方法,以《水资源公报》相关数据为依据,反映核算区不同社会经济部门核算期内的取水量、向环境排水量及耗水量情况,综合分析研究区社会经济系统的水资源利用情况。具体算法是:总提取量＝来自水资源的提取＋来自其他资源的提取＝地表水提取＋地下水提取＋雨水收集＋海水提取,总回排＝地表水回排＋地下水回排,耗水量＝总提取量－总回排量。

5.3.4 资料来源

水资源资产负债表编制涉及的数据主要包括:核算期间研究区《水资源公报》,获取河道、湖泊、地下水存量;水价数据(全市地表水、地下水水资源费数据);水量红线数据(地表水、地下水);各类水体污染物排放限制数据(水体纳污能力);各水质监测点断面数据和位置信息等。一般而言,水资源规划可提供区域限制用水量和限制排污量数据,《水资源公报》提供区域用水情况数据,土地利用变更数据可提供各类水域面积数据。

5.3.5 技术流程

(1)基础数据资料收集与整理

搜集主要的核算数据,包括相关水资源规划、历年水资源公报及水利年鉴数据和土地利用数据等。

(2)实物量核算

① 期初存量:以核算期初核算区用水控制指标作为区域可用水量期初存量,以研究期初核算区内各类水域面积之和作为期初水域面积存量,开展期初存量核算。

② 期间流量:以核算期内水资源公报、水利年鉴、国土统计数据为基础,对研究区核算期内各类统计项的流量变化进行统计。

③ 期末存量:结合期初存量和期间流量统计数据,统计核算区期末各类水资源统计项实物存量。

(3)价值量核算

① 水资源量和水域面积价值量核算:水资源量价值按照区域水资源量,结合研究区水资源费标准或模型模拟结果计算水量价值。水域面积价值参考本章节土地价值评估中的水域面积价值评估方法。

② 水资源负债核算:结合水资源使用量与区域水资源使用量红线核算水资源使

用量负债,根据污染物排放控制总量数据和实际排放数据核算环境损失负债,根据期初期末生态系统服务能力变化,计算核算期间生态系统服务破坏负债。

5.3.6 注意问题

水域面积的实物量和价值量核算在土地部分中已有所体现,为保证水资源资产负债表的完整性,在水资源资产负债核算中将水域资产包括在内,但在汇总自然资源资产负债表的资产类时,需要将水域面积扣除,避免重复统计。

5.4 森林资源资产与负债核算技术

森林资源作为自然资源的组成部分,森林资源核算是自然资源核算的重要内容。森林资源核算是以森林资源再生产全过程为对象,通过相应的实物量和价值量指标,对一定时间和空间的森林资源存量、流量及其结构进行动态计量,以反映其平衡状况。森林资源核算通过记录森林资源实物量和价值量的动态变化,可为森林资源管理、生态文明建设以及自然资源可持续利用提供信息支撑和决策基础。

森林资源是陆地生态系统的主体,作为自然资源的组成部分,早在18世纪初,以德国为中心的欧美国家就已经出现了林地、林木资源价值的计量。二战后,随着科技革命的迅速发展,欧美及日本一些发达国家开始对森林资源核算进行研究。美国的会计专业团体和专家学者分别做过自然资源会计核算的研究,其中涉及了森林资源核算的问题;日本借鉴美国的经济学,对森林资源也开展了经济效益方面的核算与研究。1970年以后,由于自然资源消耗增加、生态环境恶化等问题,开始将森林资源经济效益的核算研究转向生态效益的核算研究。1993年,作为对世界环境与发展委员会政策需求以及《21世纪议程》的回应,联合国统计司等单位编制了综合环境经济核算体系(简称 SEEA-1993)。该核算体系虽然没有单独对森林资源核算进行系统性分析,但在介绍自然资产时有所涉及,并将林业产品用于自然资源账户和环境流量账户中。通过不断的修订,联合国先后编制了 SEEA-2000、SEEA-2003 和 SEEA-2012,每部核算体系都对森林资源核算进行了阐述和分析。SEEA-2012 被作为一项国际通用的统计标准,其中对森林资源核算的介绍分为两部分,一部分是在木材资源账户中给出了森林资源的实物量和价值量核算,另一部分是在土地账户中给出了森林和其他林地的资产账户,但只包括实物量核算,对价值量的核算并未列出,在核算实物量时,两部分森林资源核算一般同时进行。除 SEEA 之外,欧盟统计局编写的《欧洲森林环境与经济核算框架－2002》(IEEAF-2002)为森林资源核算提供了相对完整的框架,并在芬兰、法国、丹麦和德国等国家进行了实践。联合国粮农组织编写的《林业环境与经济核算指南——跨部门政策分析工具》,包括了对林地和林木资产的实物量和价值量核算、森林流量和价值量的核算。国际上关于森林资源核算进行的多方面研究与探索,以及形成的阶段性理论和指导文件,为进一步规范森林资源核算体系提供了理论基础和科学指导。

我国的林木资源核算在20世纪50年代的育林基金制度中已有体现,但当时未将森林资源作为一项资产进行核算,森林资源被视为无价之宝,导致林木过度采伐。70年代后期,我国开始关注自然资源的合理利用,直至80年代,关于自然资源核算的研究逐渐兴起,森林资源核算的研究得以开展,孔繁文等(1993)发表著作《森林资源核算与国民经济核算体系》,系统介绍了中国森林资源核算研究成果。进入21世纪后,我国加大森林资源核算工作,形成了国家层面的森林资源统计核算技术体系。2002年,国家统计局完成了《中国国民经济核算体系》的编制,表式结构中包括森林资源实物量核算,但没有价值量核算。2004年,国家林业局和统计局初次合作启动了"中国森林资源核算及纳入绿色GDP研究"项目,该研究项目对森林资源的实物量和价值量以及森林生态功能进行了探索,形成的研究成果可指导全国、省、市、县不同层次的核算工作。2013年,国家林业局联合国家统计局又完成了《中国森林资源核算报告(2015)》,报告除了开展森林资源实物量、价值量和生态功能核算工作外,还评估了森林社会文化价值。2013年,党的十八届三中全会决议提出探索编制自然资源资产负债表,由于当时国内外对自然资源资产负债表的研究处于完全空白状态,因此决议的提出将自然资源资产负债表的研究拉开了帷幕。国内学者开始沿用SEEA-2012的核算理论与技术框架,对森林资源的核算内容、核算方法、报表体系等进行研究,同时以会计学资产负债表为理论基础,对森林资源资产、负债、净资产等核算要素进行计量与列表,实现森林资源资产负债表的编制。

森林资源核算分为实物量核算与价值量核算两个方面。早期的自然核算体系中,森林资源的核算多以实物量为主,忽视了价值量的重要作用,导致现阶段针对森林资源价值核算的工作难以开展。自然资源价值化方法一直是自然资源核算研究领域的难点问题,国内外学者和相关部门在森林资源价值量核算研究方面做了大量工作,基于不同理论提出众多价值化方法,常用方法主要有市场价格法、收益现值法和成本法。市场价格法选择近期内已经发生的相同或类似森林资产的交易价格作为参照物,对森林资产进行估价。市场价法适用于市场发育比较完备、森林资源资产交易案例较多的情况,对于林地交易市场不完善、交易案例不具代表性的场景,多采用收益现值法进行价值量核算。收益现值法是将森林资源资产预期收益折现来计算森林资产价值的方法,收益现值法容易被资产业务各方接收,适合林地资产和中龄以上的林木资产和森林资产评估。成本法是以森林资源资产的营造或构建成本来评估森林资产价值的方法,成本法具有客观性,成本资料相对容易收集,但没有考虑市场因素对资产价格的影响,此方法一般在市场欠发育、资产交易实例少,且资产收益存在较大不确定性的情况下使用。

由于一些计价方法缺乏全面性和精确性,在对森林资源进行价值核算时,使用林分质量调整系数、林地质量综合调整系数等对计算公式进行修正,同时考虑将多种方法结合运用,以弥补个别方法的片面性。我国《森林资源资产评估技术规范(试行)》中,林地资产评估方法主要有市场价格法、收益现值法、林地期望价法、林地费用价法。林木资产评估方法主要有市场价格法、收益现值法、成本法和清算价格法。目前尚未形成权威、规范性的森林资源核算方法,相对统一的核算方法体系亟待研究。

5.4.1 目标与内容

森林资源资产负债核算,包括两方面内容。其一是核算期初期末核算区林地资源和森林资源等资产的存量及其变化情况,其中林地核算是评估林地面积与质量的变化对森林资源资产的影响,森林核算是评估森林蓄积量的变化对森林资源资产的影响。其二是核算森林资源的负债情况,主要通过森林变化对生态环境的影响来体现。

5.4.2 核算表式

森林资源资产负债表由1张主表、6张辅表共同构成,其中主表为森林资源资产负债表,用于反映核算区在核算期内森林资源资产存量、存量增减变化以及森林资源资产负债情况。辅表包括资产类辅表和负债类辅表,其中,资产类辅表包括林地资源资产存量核算表(实物型、价值型)、林木资源资产存量核算表(实物型、价值型)共4张表,林地资产存量核算表和林木资源资产存量核算表用于核算森林资源资产的存量情况。负债类辅表包括森林资源过度耗减核算表(实物型)和森林生态服务破坏核算表(价值型),用于反映核算期森林资源资产负债情况。具体表式结构如下。

5.4.2.1 主表

表 5.19　森林资源资产负债表　　　　　　　　　　　　　单位:亿元

科目编号	资产类	期初值	期末值	科目编号	负债类	期末
101	林地资产			201	过度消耗	
102	林木资产			202	生态破坏	
103	资产合计			203	负债合计	
				301	资产负债差额	

注:资产类:资产合计=林地+林木;
负债类:负债合计=资源过耗+森林生态破坏;
过度消耗:由于不合理的采伐树木和自然灾害等原因,导致的森林资源的破坏程度大于森林资源的再生能力;
生态破坏:由于林地减少和林地质量下降导致的森林生态系统的服务功能被削弱,生态服务价值降低。

5.4.2.2 辅表

(1)林地资源资产核算表

表 5.20　林地资源资产实物核算表　　　　　　　　　　　　单位:hm²

类型	期初	期末	变化量
有林地			
灌木林地			

续表

类型	期初	期末	变化量
其他林地			
合计			

表 5.21　林地资源资产价值核算表　　　　　　　　单位：亿元

类型	期初	期末	变化量
有林地			
灌木林地			
其他林地			
合计			

(2) 林木资源资产核算表

表 5.22　林木资源资产实物核算表　　　　　　　　单位：m^3

类型	期初	期末	变化量
一、有林地			
1. 用材林			
2. 薪炭林			
3. 经济林			
4. 防护林			
5. 特用林			
二、疏林地			
三、其他林地			
1. 四旁树			
2. 散生木			
合计			

表 5.23　林木资源资产价值核算表　　　　　　　　单位：亿元

类型	期初	期末	变化量
一、有林地			
1. 用材林			
2. 薪炭林			
3. 经济林			
4. 防护林			
5. 特用林			
二、疏林地			

续表

类型	期初	期末	变化量
三、其他林地			
1. 四旁树			
2. 散生木			
合计			

(3) 森林资源过度耗减核算表

表 5.24　森林资源过度耗减核算表

资源过耗	林地资源(万亩)		林木资源(亿 m³)	
	阈值	过耗量	阈值	过耗量
政策红线				
自然边界				
变化量				

(4) 森林生态服务破坏核算表

表 5.25　森林生态服务破坏核算表　　　　　　　　　　　　单位:万元

生态服务类型	涵养水源	保育土壤	固碳释氧	净化大气	合计
期初森林资源生态服务					
期末森林资源生态服务					
变化量(期初－期末)					

5.4.3　模型与方法

与实物量核算相对应,价值量核算是在实物量核算的基础上,通过相应的评价方法和计算公式,得出森林资源的价值。森林资产与其他资产一样,评估的基本方法包括市场价格法、收益法、成本法。由于不同类型的森林资产具有不同的特征,因此,评价方法也会根据森林类型而异。根据各国资产负债表中自然资源资产估值的经验,并结合自然资源资产负债表编制的应用需求,一般选择用市场价格法来计算森林资产的价值。即根据实际市场交易的每单位森林资源的观察值即单位价格来估算所有森林资源的价值。一般情况下,采用市场价格法时,森林资源用实物量单位表示,如用每立方米木材的交易价估算所有立木蓄积的价值。计算公式为:

$$V = M \times G \times K \times K_b \tag{5-1}$$

式中:V 为森林的价值;K 为林分质量调整系数;K_b 为市场价格调整系数;G 为单位蓄积的交易价格(元/m³);M 为森林资产的蓄积量。

5.4.4　资料来源

森林资源资产负债核算的资料和数据主要来源于核算区的森林资源规划设计调

查成果报告、《中国林业统计年鉴》以及核算区林业局通过勘察提供的相关森林采伐数据和造林数据等。

5.4.5 技术流程

(1) 基础数据资料收集与整理

核算数据的搜集主要包括森林资源二类调查数据、森林采伐与造林数据以及相关的森林价格数据等资料，这三方面的数据为森林资源实物型和货币型账户的建立提供了数据基础。

(2) 实物量核算

存量提取：森林资源实物存量的提取核心的方法是选择提取的时间节点，寻找对应的统计年鉴或林业资源部门公布的森林资源清查数据，明晰数据对应的实际年份的时点做出统计。

流量提取：流量信息的提取是以记录核算期内资源量的变化数据为基础。流量数据包括期初期末数据、各类型森林资源在核算期内的变化量以及引起变化的因素。提取其中的流量变化数据，并加以归类分析统计发生变化的原因，即完成对流量信息的提取。引起森林资源变化的因素有很多，其中以采伐、造林和自然生长为主。自然生长量默认为除采伐和造林以外的其他变化量。

净变化量＝期末存量－期初存量；

造林蓄积量＝造林面积×单位面积年均生长量×核算期年限；

自然生长量＝净变化量－造林－采伐。

(3) 价值量核算

① 森林价格的确定：根据森林交易案例和收集相关各类型森林价格信息建立森林价格基础信息表。

② 各类型森林价值的计算：森林价值＝森林资源量×森林资源价格。

③ 存量与流量价值核算：根据实物量的存量与流量，依据上述计算方法进行价值核算。

(4) 森林资源变化导致的生态服务变化计算

依据林地资源流量变化表(实物型)，提取林地资源减少的去向，并计算林地转化前后所提供生态服务价值量，从而得到其差异。

5.4.6 注意问题

在对森林资源进行实物量核算时，森林市场数据样本量较少，核算时往往使用全国的森林价格资料来进行核算区域森林资源价值量核算，具体应用过程中核算的精度会随着核算地区样本量的增加而提高。

5.5 矿产资源资产与负债核算技术

矿产资源作为重要的不可再生资源,是自然资源核算内容的重要组成部分。矿产资源核算是对一定时间和空间内矿产资源的存量和流量以及矿产资源的实物量和价值量进行科学计量,是整个国民经济核算体系的主要内容。对矿产资源进行核算,是制定和完善自然资源资产负债表的基础过程,可以客观反映经济发展和资源环境状况,有利于摸清自然资源家底,为自然资源管理和资源可持续利用提供信息支撑。

国际上对矿产资源资产的核算,主要围绕计量模式展开。20世纪40年代初,国外学者在宏观层面上以政府为核算主体开展了资源量化的实践探索。1970年,美国会计学教授主编的《现代会计手册》中涉及矿业成本的核算方法,介绍了成效成本计算法和完全成本计算法用以计算勘探、开发和财产权益等的矿业成本。20世纪70年代后期,由于资源消耗、环境损害等现象的出现,国际上开始关注自然资源资产核算方面的问题,逐渐开展自然资源资产核算研究。矿产资源核算是国民经济核算体系的一部分,SNA-2008之前的国民经济核算体系中未涉及矿产资源资产的核算,直至SNA-2008的发布,才开始将包括矿产在内的自然资源作为一项资产纳入资产负债表核算体系,其中对矿产资源的核算仅涉及存量和流量的核算。联合国也先后发布了关于环境资源的核算框架,在环境经济核算体系中心框架SEEA中,将矿产资源作为一项资产对其进行核算。SEEA-2003中矿产资源被作为地下资产进行核算,SEEA-2012版本中,矿产资源被归类于矿产和能源资源账户中,并从实物和价值两个方面对矿产资源进行存量和流量核算。SNA-2008和SEEA-2012为各国的自然资源资产核算提供了参考,美国、加拿大、挪威、荷兰、德国、菲律宾和澳大利亚等国家分别对矿产资源核算进行了相关实践。SNA-2008和SEEA-2012在矿产资源资产范围、核算方法和原则等方面提供了理论基础和指导准则,但没有给出矿产资源资产负债表的具体编制方法框架,也没有提供矿产资源资产负债的定义和分类方法。

20世纪70年代后期,我国先后建立了一系列矿产资源资产评估技术体系,进行了政策的制定和准则的修订,为我国矿产资源资产评估工作的顺利进行提供了极大保障。1979年,地质部主导各部门建立了《中华人民共和国矿产资源法》起草小组,开始了实质性起草工作,并于1986年发布实施,但是《矿产资源法》规定采矿权不得买卖出租、不得用作抵押。1996年,全国人大常委会对《矿产资源法》进行了修改,正式确立探矿权、采矿权的概念,探矿权、采矿权有偿取得并可以依法转让,采矿权逐渐出现价值评估,我国矿产资源资产化开始运作。2003年,国土资源部对探矿权和采矿权的招拍挂制度提高了矿产资源的市场化程度。在我国深化改革的背景下,为满足矿业权评估新型实物的需要,形成了《中国矿业权评估准则(2016年修订版)》(征求意见稿)。党的十八届三中全会提出的《中共中央关于全面深化改革若干重大问题的决定》,明确指出探索编制自然资源资产负债表,使自然资源核算成为我国今后一段时期的重要举措。参考联合国发布的 SEEA-2012 中心框架提出的矿产资源资产核算方法,并以我国矿产行业目前使用的《中国矿业权评估准则(2016 年修订版)》(征求意见稿)配套的《矿业权评估方法规范》为线索,结合我国矿业资源调查特点,对矿产资源进行价值核算。2019 年,自然资源部办公厅发布关于《固定矿产资源储量分类》(征求意见稿)旨在替代我国现行的《固体矿产资源/储量分类》(GB/T 17766—1999)标准,不仅修改了矿产资源储量类型的划分依据,还简化了矿产资源储量类型,为矿产资源资产价值台账的建立提供了依据,使矿产资源资产负债表的核算内容得到改善。

  矿产资源核算分为实物量核算与价值量核算两个方面。矿产资源资产实物量核算主要是对矿产储量的核算,根据矿产资源分类分级标准,确定核算范围,编制矿产资源实物量平衡表。矿产资源资产价值量核算是矿产资源资产核算的核心内容,根据对矿产资源资产价值的认知,通过地质、经济和数学等手段的综合运用,将矿产资源资产价值影响因素和参数进行量化,并对矿产资源资产数量和价值做出评价和估算。矿产资源资产价值核算与其他资产价值评估有相似之处,资产价值核算主要有收益法、成本法和市场法三种途径。SEEA-2012 中主要采用净现值法对矿产资源进行价值量核算,净现值法与收益法的基本原理相似,都是通过对矿产未来收益的分析对矿产资源价值进行评估。在实践过程中,收益法不能准确合理地确定各种评估参数。成本法中,由于矿产资源资产勘查投资的高风险性,价值与成本不具有等价关系。目前来看,市场法是矿产资源定价的理想方法,矿产资源资产价值核算方法需要与市场相结合,核算理念和技术路线要力求靠近市场交易的一般规律,核算结果要体现所有者权益和社会必要劳动时间决定的价值,且矿产品市场发育较成熟,存在明确的市场交易价格。由于资源禀赋、分布和供需等存在差异,矿产资源资产价值量核算还面临许多理论、技术和方法等问题,迄今为止还没有一套公认的矿产资源资产价值核算模式,矿产资源资产价值量核算方法亟待创新和统一。

5.5.1　目标与内容

  矿产资源资产负债表编制包括两方面内容:其一是核算期初、期末核算区矿产资源存量及期内的矿产资源自然资产变化情况,主要通过区域内核算期矿产资源探明储量及开采量变化两方面指标体现;其二是核算期末的新增矿产资源负债,主要通过核算期内的矿产资源的土地占用带来的生态服务减值和环境污染两方面指标体现。矿产资源核算范围一般包括能源矿产、金属矿产(包括黑色金属矿产、有色金属矿产、轻金属矿产、贵金属矿产、放射性金属矿产、稀有金属矿产、稀土金属矿产和分散元素矿产 8 个亚矿类)、非金属矿产(包括元素类非金属矿产、矿物类非金属矿产、宝玉石类非金属矿产、岩石类非金属矿和黏土类非金属矿 5 个亚矿类)等。

5.5.2 核算表式

矿产资源资产负债核算由1张主表、8张辅表共同构成,其中主表为矿产资源资产负债表,反映了核算期内矿产资源(能源矿产、金属矿产和非金属矿产)资产和负债的规模、构成以及变动情况。辅表包括资产类辅表和负债类辅表,其中,资产类辅表包括能源矿产资源核算表(实物型、价值型)2张、金属矿产资源核算表(实物型、价值型)2张和非金属矿产资源核算表(实物型、价值型)2张。负债类辅表包括环境损害核算表和生态服务破坏核算表。

5.5.2.1 主表

表5.26 矿产资源资产负债表 单位:亿元

科目编号	资产类	期初值	期末值	科目编号	负债类	期末
101	能源矿产			201	环境损害	
102	金属矿产			202	生态破坏	
103	非金属矿产			203	负债合计	
104	资产合计			301	资产负债差额	

注:资产类:资产合计=能源矿产+金属矿产+非金属矿产;
负债类:负债合计=环境损害+生态破坏;
环境损害:主要指核算期内区域由于矿产资源的不合理开发利用,造成土地占用部分的土壤污染、开矿过程中排放的气体污染以及开矿引起的地质灾害等;
生态破坏:指核算期内区域由人类不合理开发利用矿产资源导致生态系统服务价值减弱或丧失的现象。

5.5.2.2 辅表

(1)能源矿产类资源核算表

表5.27 能源矿产类资源实物核算表 单位:万t

项目	煤炭	油页岩	合计
期初存量			
本期增加(新探明)			
本期减少(已开采)			
期末存量			

表5.28 能源矿产类资源价值核算表 单位:亿元

项目	煤炭	油页岩	合计
期初存量			
本期增加(新探明)			
本期减少(已开采)			
期末存量			

(2) 金属矿产类资源核算表

表 5.29　金属矿产类资源实物核算表

单位：万 t

金属矿产类型	铁矿	铬矿	钒矿	铜矿	铅矿	锌矿	镁矿	钨矿	钼矿	铂矿	钯矿	金矿	银矿	铍矿	合计
期初存量															
本期增加（新探明）															
本期减少（已开采）															
期末存量															

表 5.30　金属矿产类资源价值核算表

单位：亿元

金属矿产类型	铁矿	铬矿	钒矿	铜矿	铅矿	锌矿	镁矿	钨矿	钼矿	铂矿	钯矿	金矿	银矿	铍矿	合计
期初存量															
本期增加（新探明）															
本期减少（已开采）															
期末存量															

(3) 非金属矿产类资源核算表

表 5.31 非金属矿产类资源实物核算表

单位：万 t

非金属矿产类型	普通萤石	熔剂用灰岩	冶金用白云岩	铸型用砂	耐火黏土	耐火用橄榄岩	硫铁矿	化肥用蛇纹岩	泥炭	磷矿	石墨	透辉石	蛭石
期初存量													
本期增加（新探明）													
本期减少（已开采）													
期末存量													

非金属矿产类型	沸石	水泥用灰岩	水泥配料用砂岩	水泥配料用页岩	砖瓦用页岩	膨润土	砖瓦用黏土	水泥配料用黏土	饰面用正长岩	建筑用花岗岩	珍珠岩	制灰用石灰岩	饰面用花岗岩	合计
期初存量														
本期增加（新探明）														
本期减少（已开采）														
期末存量														

表 5.32 非金属矿产类资源价值核算表

单位:亿元

非金属矿产类型	普通萤石	熔剂用灰岩	冶金用白云岩	铸型用砂	耐火黏土	耐火用橄榄岩	硫铁矿	化肥用蛇纹岩	泥炭	磷矿	石墨	透辉石	蛭石
期初存量													
本期增加（新探明）													
本期减少（已开采）													
期末存量													

非金属矿产类型	沸石	水泥用灰岩	水泥配料用砂岩	水泥配料用页岩	膨润土	砖瓦用页岩	砖瓦用黏土	水泥配料用黏土	饰面用正长岩	建筑用花岗岩	珍珠岩	制灰用石灰岩	饰面用花岗岩	合计
期初存量														
本期增加（新探明）														
本期减少（已开采）														
期末存量														

(4) 矿产资源开发环境损害核算表

表 5.33　矿产资源开发导致的环境损害核算表　　　　　　　　单位：万元

	指标	单位	数值	备注
环境污染	气态	二氧化碳	t		
		煤层气	t		
		甲烷	t		
		有毒气体	t		
		烟粉尘排放量	t		
	固态	一般固体废弃物	t		
		危险固体废弃物	t		
		土壤重金属污染	mg/L		
		土壤酸化	pH		
		放射性污染	μg/L		
地质灾害		崩塌面积	hm²		
		滑坡面积	hm²		
		地裂缝	km		
		泥石流面积	hm²		
		地下水位下降	m		

(5) 矿产资源开发生态服务破坏核算表

表 5.34　矿产资源开发导致的生态服务破坏核算表　　　　　　　　单位：万元

采矿用地	涵养水源	保育土壤	固碳释氧	净化大气	合计
林地					
草地					
合计					

5.5.3　模型与方法

(1) 矿产资源(品)现价确定：根据网络交易平台上发布的数据，考虑最高价和最低价，考虑到矿产品价格信息受市场供求影响很大，然后利用相应矿产品的平均价进行价值估算。

(2) 矿产资源价值估算：矿产资源价值量＝矿产资源实物量×矿产品现价。根据实物量的存量与流量，依据上述方法计算的矿产价格进行价值核算。

(3) 矿产资源开发导致的生态服务变化计算：利用逐年的土地利用类型变化矩阵

(二级类),获取核算期内采矿用地侵占用林地和草地的数量,核算对应林地与草地的生态系统服务价值,得到由于矿产资源开发导致的生态服务价值的减少量。

5.5.4 技术流程

(1)基础数据资料收集与整理

矿产资源核算需要的数据包括以下两方面:首先,期初期末矿产资源存量、新探明量和年开采量统计资料来源于国土资源局统计数据。矿产资源通常以吨或千吨为计量单位,但也有细微差异,如石材通常以立方米为计量单位。对于这种情况,根据相应矿产品对应的密度换算成质量计量(吨)。再者,各种矿产资源(品)的参考价格信息,这些数据主要来源于网络交易平台,部门矿产品价格还可以通过电话咨询获取。

(2)实物量核算

存量和流量核算:根据核算期,分别提取期初期末两个时间节点内矿产资源实物存量数据,按能源矿产、金属矿产和非金属矿产三大类,提取核算期内不同矿产资源产品的逐年新探明量和开采量数据。对于流量核算,则是对核算期内矿产资源新探明量和开采量的累计求和。

(3)价值量核算

① 矿产资源(品)现价确定:根据网络交易平台上发布的数据,进行价值估算。

② 矿产资源价值估算(参照模型方法部分)。

(4)矿产资源开发导致的生态服务变化计算

获取核算期内矿产资源对应林地与草地的占用,所带来的生态系统服务价值变化量。

5.5.5 资料来源

与水资源、土地资源不同,一个区域内的矿产资源总量总是动态变化的。这种变化主要表现为两个方面:一是由于新探明储量引起的总量变化,二是由于开采使用量引起的总量变化。矿产资源期初期末存量、新探明量和开采量数据来源于统计,主要来源于国土资源局。矿产资源(品)价格数据来源于矿产资源交易相关网络平台,如表 5.35 所示。矿产资源负债的核算数据主要来源于环保部门,如开采固体废弃物(如矸石)土地占用类型及其面积、矿产资源开采污染物排放数据。

表 5.35 账户参数主要数据来源

账户分类	表格类型	相关数据资料
存量账户	各类矿产资源实物期初期末存量统计表	国土资源局统计数据
	各类矿产资源价值期初期末存量统计表	国土资源局统计数据,相关矿产品价格数据(矿产品交易平台)
流量账户	各类矿产资源实物核算期内新探明量和开采量统计表	国土资源局统计数据
	各类矿产资源价值核算期内新探明量和开采量统计表	国土资源局统计数据,相关矿产品价格数据(矿产品交易平台)

5.5.6 注意问题

与水资源、土地资源和森林资源资产价值化有所不同,矿产资源是在全世界范围广泛流通的战略性资源,其价格受到矿产资源出口和进口两个市场决定,总是处于一种动态变化之中,且有区域差异性和时间动态性。目前基于现价法估算的矿产资源资产价值只是一种表征矿产资源资产的手段。

5.6 小结

以土地资源、水资源、森林资源和矿产资源等为研究对象,在整合资源属性、资源利用过程中的环境效应以及与资源利用相关的社会经济信息的基础上,建立了实物型和价值型资源资产负债表,建立了适宜于我国自然资源资产负债表编制的自然资源核算体系,以核算人类活动对自然资源资产的消耗为主线,把产业和居民在生产和生活活动中涉及资源利用与环境效应的行为纳入核算体系中,系统整合归纳各种资源在多种利用方式下的价值量核算方法及其适用性;资源价值量的核算方法将考虑经济系统对资源匮乏做出的反馈,以利于自然资源资产负债状态的准确评估,并利于政府对资源可持续利用问题进行有效决策和干预。

研究中仍有下列很多问题需要进一步探讨。

(1)资产和负债的估值方法是编制自然资源资产负债表最重要也是最困难的问题。为了得到可靠且具有经济意义的区域资产负债表,本书将根据资源核算与环境核算的研究,确立同类资产(或负债)的估值方法统一的原则,即在不同部门之间、在不同时间节点上,同一资产(或负债)必须以同样的估值方式进行资产负债表编制。同时,为了在不同部门之间加总资产和负债,并要在不同时间点上比较资产和负债的需求,研究建立了以市场价格法为主导、以重置成本法和间接估值等方法相结合的符合中国国情的自然资源资产估值方法体系。

(2)环境价值的经济评价问题,特别是环境污染对人体健康损害的经济评价问题。国际上常用调查评价法,即通过调查人们对降低健康风险的支付意愿,来货币化环境污染对公众的健康损害。虽然支付意愿法是国际学术界比较认可的环境经济评价方法,但是不同地域、不同经济条件、不同自然条件,甚至不同文化背景下、不同的调查群体,其支付意愿会有显著不同。

(3)污染损失的评估问题。虽然对污染损失开展了很多研究,但由于计量反应方程的不确定性导致各研究结果差异很大,而且没有全面的、综合性的污染损失研究,这也给环境污染损失价值的正确估量带来了一定的困难。

第 6 章

生态综合核算技术

生态综合核算是自然资源资产负债表扩展表编制的基础,目的是揭示自然资源在开发、利用以及保护、修复等人类活动影响下生态系统功能的变化,属于自然资源的质量衡量指标。本章主要从自然资源资产负债表编制的角度,介绍了生态综合核算的主要技术流程和核算方法。

6.1 概述

生态核算重点需要列示生态功能的期初和期末值,明确生态功能的质量衡量指标是关键。从功能上讲,生态功能可以分为供给功能、调节功能与文化功能等。考虑到自然资源资产负债表构建的目标,这里主要关注生态系统的调节功能,包括调节气候、调节水文、保育土壤、降解污染物等;从类型来看,生态系统包含森林、湿地、草地、荒漠、海洋、农田、城市等类型。基于自然资源资产负债表研究的框架,类型上我们重点关注自然生态系统,功能上重点核算生态系统在一定时间内提供的各类功能量及其变化量。

生态功能账户主要包括记账表、核算表与生态功能账户三类表。其中,记账表是基础,记录了核算区域期初、期末的生态系统本底;核算表是在记账表的基础上,根据生态系统的数量和质量状况,对生态系统提供的各项功能进行核算;生态功能账户则是在此基础上,对当期生态系统的破坏或改善效益进行核算,揭示核算期内区域生态功能的变化情况。

根据自然资源资产负债表的总体框架和内容设计,对森林、草地、湿地等自然生态系统的调节服务进行实物核算和价值核算,建立实物量核算表和价值量核算表。森林生态实物量核算表包括涵养水源、保育土壤、固碳释氧、净化大气环境 4 类生态功能、10 项具体指标;草地生态实物量核算表包括涵养水源、保育土壤、固碳释氧、净化大气 4 类生态功能、10 项具体指标;湿地生态系统实物量核算表包括涵养水源、调蓄洪水、保育土壤、净化水质 4 类生态功能、8 项具体指标。森林、草地、湿地生态系统价值量核算是运用市场价格法、影子工程法等核算方法,对每项生态功能进行价值核算,得到相应的价值核算表。

本章主要采用生态系统服务价值评估方法,核算期初和期末的生态功能,包括实物量和价值量。生态系统服务的实物量核算是一个复杂的过程,需要不同森林、草地、湿地等生态系统的许多生态功能实测参数和复杂模型。而且,价值量的核算也需要运用市场价值、影子工程等方法进行价值系数的计算。为了简化核算流程,便于政府层面推广应用,本章在已有核算基础上,提出单位面积森林、草地、湿地生态系统的实物量参数和价值量参数,以便于根据森林、草地、湿地等生态系统的面积统计数据进行快速简洁的核算比较。需要注意的是,单位面积生态系统实物量参数应根据不同地域的生态系统功能参数进行调整。

6.2 森林生态系统核算技术

6.2.1 目标与内容

森林生态系统核算一般包括对森林涵养水源、保育土壤、固碳释氧、净化大气环境4类生态功能的实物量核算与价值量核算。

(1) 涵养水源

采用替代市场技术进行评估,适用方法为市场价格法。即先确定区域森林生态系统每年涵养水源的总量,再根据水的市场价值确定这类生态资产的总价值。其中涵养水源量根据森林区域水量平衡法计算,水源定价标准根据全国主要城市平均供水价格确定。

(2) 保育土壤

采用替代市场技术进行评估,适用方法为市场价格法。先计算区域森林生态系统每年减少土壤侵蚀的总量,再核算森林生态系统每年减少土地废弃损失、防止泥沙滞留和泥沙淤积、保护土壤肥力的三类价值。

(3) 固碳释氧

采用替代市场技术进行评估,适用方法为市场价格法。先计算出森林生态系统固定 CO_2 和供给 O_2 数量值,再确定固定 CO_2 和供给 O_2 市场价格(即"影子价格"),最后求出森林生态系统固定 CO_2 和供给 O_2 的年总经济价值。

(4) 净化大气环境

森林可以依靠自身特殊的结构和功能,通过吸收、过滤、阻隔和分解等生理生化过程,净化人类活动排放到环境中的有毒气体(如 SO_2),也能吸附、黏着一部分粉尘,降低大气中的含尘量,从而达到净化环境的目的。主要考虑森林吸收 SO_2 和滞尘两大主要环境净化功能,采用市场价格法进行评价。

6.2.2 模型与方法

6.2.2.1 涵养水源

实物量根据森林区域水量平衡法计算。本章根据已有文献,给出测算有林地和灌木林地单位面积涵养水源量的公式：

$$M_w = (S_1 \times U_1 + S_2 \times U_2) \times 10^{-8} \tag{6-1}$$

式中：M_w 为涵养水量（亿 t），U_1 为有林地单位面积涵养水源量[t/(hm²·a)]，U_2 为灌木林地单位面积涵养水源量[t/(hm²·a)]，S_1 为有林地面积（hm²），S_2 为灌木林地面积（hm²）。

价值量采用影子工程法进行核算：

$$V_w = M_w \times \gamma_1 \times 10^3 \tag{6-2}$$

式中：γ_1 为水库建设单位库容投资。

6.2.2.2 保育土壤

保育土壤包括固土、保肥两个方面，固土是指森林生态系统的土壤保持量，保肥是指所保持的土壤中有机质、氮、磷、钾等营养物质的含量。

固土实物量以土壤保持量，即潜在土壤侵蚀量与实际土壤侵蚀量的差值进行计算。现实土壤侵蚀是指当前地表覆盖情形下的土壤侵蚀，潜在土壤侵蚀则是指没有地表覆盖因素和土地管理因素情形下可能发生的土壤侵蚀量。土壤侵蚀量的计算公式如下：

$$M_s = [S_1 \times (D_0 - D_1) + S_2 \times (D_0 - D_2)] \times 10^{-6} \tag{6-3}$$

式中：M_s 为土壤侵蚀减少量（万 t），D_0 为无林地侵蚀模数[t/(km²·a)]，D_1 为有林地侵蚀模数[t/(km²·a)]，D_2 为灌木林地侵蚀模数[t/(km²·a)]，S_1 为有林地面积（km²），S_2 为灌木林地面积（km²）。

固土价值量核算采用市场价值法，即挖取相同土方量所需要的市场费用：

$$V_s = (M_s/\rho) \times \gamma_2 \tag{6-4}$$

式中：ρ 为平均密度值，γ_2 为挖取单位体积土方费用。

保肥实物量基于固土实物量计算，即固土实物量乘以土壤中有机质、氮、磷、钾等营养物质的含量比重：

$$M_{oi} = S_1 \times (D_0 - D_1) \times C_{i1} + S_2 \times (D_0 - D_2) \times C_{i2} \quad i = 1,2,3,4 \tag{6-5}$$

式中：M_{oi} 为保肥量（万 t），D_0 为无林地侵蚀模数[t/(km²·a)]，D_1 为有林地侵蚀模数[t/(km²·a)]，D_2 为灌木林地侵蚀模数[t/(km²·a)]，S_1 为有林地面积（km²），S_2 为灌木林地面积（km²），C_{11} 为有林地土壤有机质含量（k/kg），C_{12} 为灌木林地土壤有机质含量（k/kg），C_{21} 为有林地土壤氮含量（k/kg），C_{22} 为灌木林地土壤氮含量（k/kg），C_{31} 为有林地土壤有效磷含量（mg/kg），C_{32} 为灌木林地土壤有效磷含量（mg/kg），C_{41} 为有林地土壤有效钾含量（mg/kg），C_{42} 为灌木林地土壤有效钾含量（mg/kg）。

保肥价值量等于保肥实物量乘以相应的营养物质的市场价格，其中氮、磷、钾折算为磷酸二铵和氯化钾等化肥的市场价格，计算公式如下：

$$V_{o1} = M_{o1} \times \gamma_3 \tag{6-6}$$

式中：γ_3 为有机质价格；

$$V_{o2} = (M_{o2}/0.14) \times \gamma_4 \times 10^{-5} \tag{6-7}$$

式中：磷酸二铵含氮量为14%，γ_4为磷酸二铵化肥价格；

$$V_{o3} = (M_{o3}/0.15) \times \gamma_5 \times 10^{-5} \qquad (6-8)$$

式中：磷酸二铵含磷量为15%，γ_5为磷酸二铵化肥价格；

$$V_{o4} = (M_{o4}/0.5) \times \gamma_6 \times 10^{-5} \qquad (6-9)$$

式中：氯化钾含钾量50%；γ_6为氯化钾化肥价格。

6.2.2.3 固碳释氧

实物量采用净生产力换算法：

$$M_c = (S_1 \times C_{d1} + S_2 \times C_{d2}) \times 1.63 \times 0.2727 \times 10^5 M_o \qquad (6-10)$$

$$M_o = (S_1 \times C_{d1} + S_2 \times C_{d2}) \times 1.19 \times 10^5 \qquad (6-11)$$

式中：M_c为固碳量（万t），M_o为释氧量（万t），C_{d1}为有林地干物质生产量（t/hm²），C_{d2}为灌木林地干物质生产量（t/hm²），S_1为有林地面积（hm²），S_2为灌木林地面积（hm²）。

价值量核算采用影子工程法，其中固碳价值量即以固定相同规模的碳所需费用来反映，释氧价值量即以生产相同规模的氧气所需费用来反映：

$$V_c = M_c \times \gamma_7 \qquad (6-12)$$

式中：γ_7为固碳价格；

$$V_o = M_o \times \gamma_8 \qquad (6-13)$$

式中：γ_8为制造氧气价格。

6.2.2.4 净化大气环境

实物量根据单位林地净化能力核算：

$$M_s = (S_1 \times C_{s1} + S_2 \times C_{s2}) \times 10^{-3} \qquad (6-14)$$

$$M_z = (S_1 \times C_{z1} + S_2 \times C_{z2}) \times 10^{-4} \qquad (6-15)$$

式中：M_s为吸收SO_2量（t），M_z为滞尘量（万t），C_{s1}为有林地吸收SO_2能力[kg/(hm²·a)]，C_{s2}为灌木林地吸收SO_2能力[kg/(hm²·a)]，C_{z1}为有林地滞尘能力[t/(hm²·a)]，C_{z2}为灌木林地滞尘能力[t/(hm²·a)]。

价值量核算采用恢复成本法：

$$V_s = M_s \times \gamma_9 \times 10^{-2} \qquad (6-16)$$

式中：γ_9为单位SO_2治理费用；

$$V_z = M_z \times \gamma_{10} \times 10^3 \qquad (6-17)$$

式中：γ_{10}为单位降尘清理费用。

森林生态系统各项服务功能的实物量、价值量核算公式及参数选择见表6.1。

表6.1 森林生态功能实物量、价值量核算公式及参数说明

生态功能	核算指标	计算公式	参数说明
涵养水源	调节水量	$U_{调} = 10C_{库}A(P-E-C)$	$U_{调}$为林地年调节水量价值（元/a）；$C_{库}$为水库建设单位库容投资（占地拆迁补偿、工程造价、维护费用等）（元/m³）；P为降水量（mm/a）；E为林地蒸散量（mm/a）；C为地表径流量（mm/a）

续表

生态功能	核算指标	计算公式	参数说明
涵养水源	净化水质	$U_{水质}=10KA(P-E-C)$	$U_{水质}$为林地年净化水质价值(元/a);K为水的净化费用(元/t);A为林地面积(hm^2)
保育土壤	固土	$U_{固土}=AC_{土}(X_2-X_1)/\rho$	$U_{固土}$为林地年固土价值(元/a);$U_{肥}$为林地年保肥价值(元/a);X_1为林地土壤侵蚀模数[t/($hm^2 \cdot$ a)];X_2为无林地土壤侵蚀模数[t/($hm^2 \cdot$ a)];$C_{土}$为挖取和运输单位体积土方所需费用(元/m^3);A为林地面积(hm^2);ρ为林地土壤容重(t/m^3);N为林地土壤平均含氮量(%);P为林地土壤平均含磷量(%);K为林地土壤含钾量(%);M为林地土壤有机质含量(%);R_1为磷酸二铵化肥含氮量(%);R_2为磷酸二铵化肥含磷量(%);R_3为氯化钾化肥含钾量(%);C_1为磷酸二铵化肥价格(元/t);C_2为氯化钾化肥价格(元/t);C_3为有机质价格(元/t)
	保肥	$U_{肥}=A(X_2-X_1)(NC_1/R_1+PC_1/R_2+KC_2/R_3+MC_3)$	
固碳释氧	固碳	$U_{碳}=AC_{碳}(1.63R_{碳}B_{年}+F_{土壤碳})$	$U_{碳}$为林地年固碳价值(元/a);$B_{年}$为林地净生产力[t/($hm^2 \cdot$ a)];$C_{碳}$为固碳价格(元/t);$R_{碳}$为CO_2中碳的含量,为27.27%;$F_{土壤碳}$为单位面积林地土壤年固碳量[t/($hm^2 \cdot$ a)];A为林地面积(hm^2)
	释氧	$U_{氧}=1.19C_{氧}AB_{年}$	$U_{氧}$为林地年释氧价值(元/a);$B_{年}$为林地年净生产力[t/($hm^2 \cdot$ a)];$C_{氧}$为氧气价格(元/t);A为林地面积(hm^2)。
净化大气环境	吸收SO_2	$U_{二氧化硫}=K_{二氧化硫}Q_{二氧化硫}A$	$U_{二氧化硫}$为林地年吸收二氧化硫价值(元/a);$K_{二氧化硫}$为二氧化硫治理费用(元/kg);$Q_{二氧化硫}$为单位面积林地年吸收二氧化硫量[kg/($hm^2 \cdot$ a)];$U_{滞尘}$为林地年滞尘价值(元/a);$K_{滞尘}$为降尘清理费用(元/kg);$Q_{滞尘}$为单位面积林地年滞尘量[kg/($hm^2 \cdot$ a)];A为林地面积(hm^2)
	滞尘	$U_{滞尘}=K_{滞尘}Q_{滞尘}A$	

6.2.3 技术流程

森林生态系统核算分实物量和价值量核算两个阶段,实物量核算流程为:
① 获取基础数据,包括森林生态系统的面积、结构及健康水平等基础数据;
② 明确每类生态系统的生态功能,根据自然资源资产负债表编制的目的和结构安排,确定森林生态系统核算的生态功能;
③ 测定每项生态功能的功能参数,一是参照国家已经发布的参数标准,如中华人民共和国林业行业标准《森林生态系统服务功能评估规范》(LY/T 1721—2008)

等；二是参考已公开出版文献中与研究区生态特点相类似的参数；三是来源于地方生态环境监测部门的监测数据；

④ 根据每项生态功能的核算公式进行实物量核算。

森林生态系统的价值量核算流程为：

① 明确每项生态功能实物量的价值参数；

② 通过实物量与价值参数的乘积，获得每项生态功能的价值量。

6.2.4 资料来源

森林面积与结构数据一般来源于遥感解译、森林调查以及土地变更调查数据；不同类型生态功能的参数来源于相关文献。价值量核算参数主要参照国家林业局发布的中华人民共和国林业行业标准《森林生态系统服务功能评估规范》(LY/T 1721—2008)和《生态文明制度构建中的中国森林资源核算研究》。

6.2.5 注意问题

森林生态系统提供的生态调节服务功能与森林生态系统的种群结构、年龄结构、质量水平等紧密相关。在核算时，应根据数据可获得性，及时更新生态功能参数。

6.3 草地生态系统核算技术

6.3.1 目标与内容

草地生态系统核算包括对草地涵养水源、保育土壤、固碳释氧、净化大气环境 4 类生态功能(表 6.2)的实物量核算与价值量核算。

(1)涵养水源

完好的天然草地不仅具有截留降水的生态功能，而且比空旷裸地有较高的渗透性和保水能力。采用水量平衡法和影子工程法计算草原涵养水源的价值。

(2)保育土壤

草原生态系统在保持水土方面具有显著作用，从草原生态系统可减少土地废弃和保持土壤肥力两个角度，分别选用机会成本法、影子工程法和替代市场法来评价其在水土保持方面带来的经济效益。在估算过程中，首先计算草原每年减少土壤侵蚀的总量，然后再评价其他三方面的价值。

(3)固碳释氧

草地生态系统调节大气主要表现在吸收大气中的 CO_2，同时向大气释放 O_2，这对保持大气中 CO_2 和 O_2 的动态平衡、减缓温室效应以及提供人类生存的最基本条件起着至关重要的作用。根据植物光合作用和呼吸作用反应方程式，推算 CO_2 的固定量和 O_2 的释放量，然后采用造林成本法、碳税法和制氧成本法计算价值量。

(4)净化大气环境

从吸收 SO_2 和阻滞粉尘方面来评价草原生态系统净化空气的价值。

表 6.2 草地生态功能核算指标体系

指标	指标内涵
涵养水源	草地不仅具有较高的渗透性,还能截流降水、保水
保育土壤	防止土壤水力、风力侵蚀,进行土壤形成改良、固定沙土等生态功能
固碳释氧	土壤固定 CO_2、释放 O_2,维持大气中碳氧动态平衡
净化大气环境	吸收污染物质、阻滞粉尘、杀灭病菌和降低噪声等,改善环境质量

6.3.2 模型与方法

6.3.2.1 涵养水源

实物量采用水量平衡法进行核算:

$$G_w = A \times (1-\theta) \times R \times 10^{-7} \tag{6-18}$$

式中:G_w 为涵养水量(亿 m^3),R 为多年平均降水量(mm),θ 为径流系数,A 为草地面积(km^2)。

价值量采用影子工程法进行核算:

$$V_w = G_w \times \beta_1 \times 10^3 \tag{6-19}$$

式中:β_1 为水库建设单位库容投资。

6.3.2.2 保育土壤

固土实物量根据潜在侵蚀量与现实侵蚀量差值计算:

$$G_s = A \times (D_1 - D_2) \times 10^{-6} \tag{6-20}$$

式中:G_s 为土壤侵蚀减少量(万 t),D_1 为潜在侵蚀模数[$t/(km^2 \cdot a)$],D_2 为现实侵蚀模数[$t/(km^2 \cdot a)$],A 为草地面积(km^2)。

固土的价值量核算采用市场价格法,即挖取相同土方量所需要的市场费用:

$$V_s = (G_s/\rho) \times \beta_2 \tag{6-21}$$

式中:ρ 为平均密度值,β_2 为挖取单位体积土方费用。

保肥实物量即固土量乘以土壤中有机质及氮、磷、钾的含量:

$$G_o = G_s \times C_i \quad i=1,2,3,4 \tag{6-22}$$

式中:C_1 为土壤有机质含量(%),C_2 为土壤氮含量(%),C_3 为土壤磷含量(%),C_4 为土壤钾含量(%),G_s 为固土量(万 t)。

保肥价值量等于保肥实物量乘以相应的营养物质的市场价格,其中氮、磷、钾折算为磷酸二铵和氯化钾等化肥的市场价格,计算公式如下:

$$V_{o1} = G_{o1} \times \beta_3 \tag{6-23}$$

式中:β_3 为有机质价格;

$$V_{o2} = (G_{o2}/0.14) \times \beta_4 \times 10^{-5} \tag{6-24}$$

式中:磷酸二铵含氮量为14%,β_4 为磷酸二铵化肥价格;

$$V_{o3} = (G_{o3}/0.15) \times \beta_5 \times 10^{-5} \quad (6\text{-}25)$$

式中：磷酸二铵含磷量为15%，β_5 为磷酸二铵化肥价格；

$$V_{o4} = (G_{o4}/0.5) \times \beta_6 \times 10^{-5} \quad (6\text{-}26)$$

式中：氯化钾含钾量为50%；β_6 为氯化钾化肥价格。

6.3.2.3 固碳释氧

实物量采用干物质量换算法：

$$G_c = A \times C_e \times 1.63 \times 0.2727 \times 10^5 \quad (6\text{-}27)$$

$$G_o = A \times C_e \times 1.19 \times 10^5 \quad (6\text{-}28)$$

式中：C_e 为草地干物质生产量(t/hm^2)，G_c 为固碳量(万 t)，G_o 为释氧量(万 t)，A 为草地面积(hm^2)。

价值量核算采用影子工程法，其中固碳价值量即以固定相同规模的碳所需费用来反映，释氧价值量即以生产相同规模的氧气所需费用来反映：

$$V_c = G_c \times \gamma_7 \quad (6\text{-}29)$$

式中：β_7 为固碳价格；

$$V_o = G_o \times \gamma_8 \quad (6\text{-}30)$$

式中：β_8 为制造氧气价格。

6.3.2.4 净化大气环境

实物量根据单位草地净化能力核算：

$$G_s = A \times C_s \times 10^{-3} \quad (6\text{-}31)$$

$$G_z = A \times C_z \times 10^{-5} \quad (6\text{-}32)$$

式中：G_s 为吸收 SO_2 量(t)，G_z 为滞尘量(万 t)，C_s 为草地吸收 SO_2 能力[$kg/(hm^2 \cdot a)$]，C_z 为草地滞尘能力[$t/(hm^2 \cdot a)$]，A 为草地面积(hm^2)。

价值量核算采用恢复成本法：

$$V_s = G_s \times \gamma_9 \times 10^{-2} \quad (6\text{-}33)$$

式中：γ_9 为单位 SO_2 治理费用；

$$V_z = G_z \times \gamma_{10} \times 10^3 \quad (6\text{-}34)$$

式中：γ_{10} 为单位降尘清理费用。

在详细梳理国内外有关草地生态服务价值评估的相关研究基础上，针对草地生态功能选取了相应的核算指标，并参照相关研究提出了各指标的核算方法，如表6.3所示。

表6.3 草地生态功能实物量、价值量核算公式及参数说明

生态功能	核算指标	计算公式	参数说明
涵养水源	涵养水源	$V_{uij} = \theta_{ij} \times R_{ij} \times P_i$	V_{uij} 为 i 区域草地 j 单位面积水源涵养的经济价值[元/($hm^2 \cdot a$)]；R_{ij} 为 i 区域草地 j 的降水量(mm)；θ_{ij} 为 i 区域草地 j 的径流系数；P_i 为 i 区域单位体积库容工程费用(元)

续表

生态功能	核算指标	计算公式	参数说明
保育土壤	侵蚀控制	$V_{mij} = P_i \times \delta_{ij} / (\rho_{ij} \times h_{ij})$	V_{mij} 为 i 区域草地 j 单位面积保持土壤的价值[元/(hm²·a)];δ_{ij} 为 i 区域草地 j 土壤侵蚀模数[t/(hm²·a)];ρ_{ij} 为 i 区域草地 j 土壤密度(kg/m³);h_{ij} 为 i 区域草地 j 土层厚度(m);P_i 为某一区域水库工程费用(元/m³)
固碳释氧	固碳	$V_{cij} = NPP_{ij} \times 1.19 \times P_c$	V_{cij} 为 i 区域草地 j 单位面积固定 CO_2 的价值[元/(hm²·a)];NPP_{ij} 为 i 区域草地 j 单位面积年净初级生产力[t/(hm²·a)];P_c 为我国碳税价格(元/t)
	释氧	$V_{oij} = NPP_{ij} \times 1.63 \times P_{oi}$	V_{oij} 为 i 区域草地 j 单位面积释放 O_2 的价值[元/(hm²·a)];NPP_{ij} 为 i 区域草地 j 单位面积的年净初级生产力[t/(hm²·a)];P_{oi} 为 i 区域工业氧气售价(元/t)
净化大气环境	吸收 SO_2	$V_{sij} = a_{ij} \times r_{ij} \times C_{si}$	V_{sij} 为 i 区域草地 j 单位面积消减 SO_2 的价值[元/(hm²·a)];a_{ij} 为 i 区域草地 j 单位面积的健康状况系数;r_{ij} 为 i 区域草地 j 单位面积吸收 SO_2 能力[kg/(hm²·a)];C_{si} 为 i 区域削减 SO_2 成本(元/t)
	滞留沙尘	$V_{dij} = a_{ij} \times \varepsilon_{ij} \times C_{di}$	V_{dij} 为 i 区域草地 j 单位面积滞留灰尘的价值[元/(hm²·a)];a_{ij} 为 i 区域草地 j 的健康状况系数;ε_{ij} 为 i 区域草地 j 滞留灰尘的能力[t/(hm²·a)];C_{di} 为某一区域削减灰尘的成本(元/t)

6.3.3 技术流程

草地生态系统核算分实物量和价值量核算两个阶段,其中实物量核算流程为:

① 获取基础数据,包括草地生态系统的面积、结构及健康水平等基础数据;

② 明确每类生态系统的生态功能,根据自然资源资产负债表编制的目的和结构安排,确定草地生态系统核算的生态功能;

③ 测定每项生态功能的功能参数,一是来源地方生态环境监测部门的监测数据;二是参考已公开出版文献中与地方生态特点相类似的参数;

④ 根据每项生态功能的核算公式进行实物量核算。

价值量核算流程为:

① 明确每项生态功能实物量的价值参数;

② 通过实物量与价值参数的乘积,获得每项生态功能的价值量。

6.3.4 资料来源

草地的面积与结构数据来源于遥感解译及土地变更调查数据;不同类型生态功能的参数来源相关文献,部分价值量核算参数源自中华人民共和国林业行业标准《森林生态系统服务功能评估规范》(LY/T 1721—2008)和《生态文明制度构建中的中国森林资源核算研究》。

6.3.5 注意问题

草地生态系统提供的生态调节服务功能与草地生态系统的结构、健康水平等紧密相关。在核算时,应根据数据可获得性,及时更新生态功能参数。

6.4 湿地生态系统核算技术

6.4.1 目标与内容

湿地生态系统核算包括对湿地涵养水源、调蓄洪水、保育土壤、净化水质4类生态功能(表6.4)的实物量核算与价值量核算。

(1)涵养水源

湿地生态系统主要通过截流降水、增加土壤下渗、抑制蒸发、缓和地表径流和增加降水起到涵养水源的功能。采用区域水量平衡法测算湿地生态系统涵养水源的实物量,采用影子工程法计算涵养水源的价值量。

(2)调蓄洪水

一般而言,凡是和河流相连通的湖泊、水库、沼泽等湿地都具有调蓄洪水的作用。湿地调蓄洪水功能所起的作用与湿地面积、结构、位置等属性有关。湖泊调蓄洪水的实物量根据湖泊年内水位最大变幅计算,价值量采用影子工程法计算。水库调蓄洪水的实物量直接采用水库的最大蓄水量、最大水位变幅量或该年水库的库容量,单位价值量采用影子工程法。沼泽湿地调蓄洪水的实物量使用遥感数据估算沼泽的土壤含水量,通过年内土壤含水量的最大变幅计算得到,单位价值量采用影子工程法。

(3)保育土壤

湿地保护土壤功能体现在两方面:一是减少了因水土流失造成的土壤肥力流失,二是保护土壤,减少土壤侵蚀。因此,湿地保护土壤价值为二者之和。

(4)净化水质

湿地是水质的重要调节器。湿地可以通过水文和湿地植物的作用以及化学、生物过程,吸收、固定、转化土壤和水中营养物质,降解有毒污染物,净化水体,保护环境。采用差值法或统计法计算湿地净化氮磷的实物量,采用市场价格法计算价值量。

表6.4 湿地生态功能核算指标体系

指标	含义
涵养水源	截留降水、增加土壤下渗、抑制蒸发、缓和地表径流和增加降水
调蓄洪水	短时间内蓄积洪水,然后用较长的时间将水排出
保育土壤	截留泥沙,避免土壤流失
净化水质	湿地生物对污染物的降解、转化或过滤作用

6.4.2 模型与方法

6.4.2.1 涵养水源

以土壤蓄水表征湿地的涵养水源,其实物量核算采用单位面积土壤调蓄能力乘以湿地面积。计算公式如下:

$$W_w = Z \times V \times 10^{-8} \tag{6-35}$$

式中:W_w 为涵养水量(亿 m^3),V 为单位面积土壤调蓄能力(m^3/hm^2),Z 为湿地面积(hm^2)。

价值量采用影子工程法进行核算:

$$V_w = W_w \times \delta_1 \tag{6-36}$$

式中:δ_1 为水库建设单位库容投资,取 6.1107 元/t。

6.4.2.2 调蓄洪水

以地表滞水表征湿地的调蓄洪水,其实物量核算采用滞水深度乘以湿地面积:

$$W_t = Z \times C_f \times 10^{-4} \tag{6-37}$$

式中:W_t 为调蓄洪水量(亿 m^3),C_f 为滞水深度(m),Z 为湿地面积(km^2)。参照有关文献,滞水深度取 1 m。

价值量采用影子工程法进行核算:

$$V_t = W_t \times \delta_1 \tag{6-38}$$

式中:δ_1 为水库建设单位库容投资,取 6.1107 元/t。

6.4.2.3 保育土壤

固土实物量根据有无植被土壤侵蚀差异量与湿地面积乘积:

$$W_g = Z \times \delta \times \rho \times 10^{-3} \tag{6-39}$$

式中:W_g 为土壤侵蚀减少量(万 t),δ 为侵蚀差异量(mm/a),ρ 为土壤容重(g/cm^3),Z 为湿地面积(km^2)。

固土的价值量核算采用市场价值法,即挖取相同土方量所需要的市场费用:

$$V_g = (W_g/\rho) \times \delta_2 \tag{6-40}$$

式中:ρ 为平均密度值,取 2.65g/cm^3,δ_2 为挖取单位体积土方费用,取 63.0 元/m^3。

保肥实物量核算即固土量乘以土壤中有机质及氮、磷、钾的含量:

$$W_l = W_g \times C_i \quad i = 1, 2, 3 \tag{6-41}$$

式中:C_1 为土壤氮含量(%),C_2 为土壤磷含量(%),C_3 为土壤钾含量(%),W_g 为固土量(万 t)。

保肥价值量等于保肥实物量乘以相应的营养物质的市场价格,其中氮、磷、钾折算为磷酸二铵和氯化钾等化肥的市场价格,计算公式如下:

$$V_{g1} = W_{g1} \times \delta_3 \tag{6-42}$$

式中:δ_3 为有机质价格,取 800 元/t;

$$V_{g2} = (W_{g2}/0.14) \times \delta_4 \times 10^{-5} \tag{6-43}$$

式中:磷酸二铵含氮量为14%,δ_4 为磷酸二铵化肥价格,取3300元/t;

$$V_{g3} = (W_{g3}/0.15) \times \delta_5 \times 10^{-5} \quad (6-44)$$

式中:磷酸二铵含磷量为15%,δ_5 为磷酸二铵化肥价格,取3300元/t;

$$V_{g4} = (W_{g4}/0.5) \times \delta_6 \times 10^{-5} \quad (6-45)$$

式中:氯化钾含钾量50%;δ_6 为氯化钾化肥价格,取2800元/t。

6.4.2.4 净化水质

实物量即单位湿地净化氮、磷的能力乘以湿地面积。

$$G_s = Z \times C_s \times 10^{-2} \quad (6-46)$$

$$G_z = Z \times C_z \times 10^{-2} \quad (6-47)$$

式中:G_s 为氮净化量(t),G_z 为磷净化量(t),C_s 为氮净化能力(t/km²),C_z 为磷净化能力(t/km²),Z 为湿地面积(km²)。

价值量核算即实物量乘以氮、磷的处理费用:

$$V_s = G_s \times \delta_7 \times 10^{-5} \quad (6-48)$$

式中:δ_7 为单位氮的处理费用,取1.5元/kg;

$$V_z = G_z \times \delta_8 \times 10^{-5} \quad (6-49)$$

式中:δ_8 为单位磷的处理费用,取2.5元/kg。

在详细梳理国内外有关湿地生态服务价值评估的相关研究基础上,针对湿地生态功能选取了相应的核算指标,并参照相关研究明确了各指标的核算方法,如表6.5所示。

表6.5 湿地生态功能实物量、价值量核算公式及参数说明

生态功能	核算指标	计算公式	参数说明
涵养水源	土壤储水	$U_{储水} = \theta_{储水} \times P_{库}$	$U_{储水}$ 为区域湿地单位面积水源涵养的经济价值[元/(hm²·a)];$\theta_{储水}$ 为区域湿地单位面积土壤储水量(t/hm²);$P_{库}$ 为单位体积库容工程费用(元)
调蓄洪水	调蓄洪水	$U_{洪水} = G_{洪水量} \times C_{库}$	$U_{洪水}$ 为调蓄洪水功能的价值(元/a);$G_{洪水量}$ 为调蓄洪水量(m³/a);$C_{库}$ 为水库建设单位库容投资造价(元/m³)
固碳释氧	固碳	$U_{碳} = C_{碳} \times 1.63 \times R_{碳} \times a \times B_{年}$	$U_{碳}$ 为湿地植被固碳价值(元/a);$C_{碳}$ 为固定同样重量CO_2 的成本(元/t);$R_{碳}$ 为CO_2 中碳的含量27.27%;a 为植被面积(hm²);$B_{年}$ 为植被净生产力[t/(hm²·a)]
	释氧	$U_{氧} = C_{氧} \times 1.19 \times a \times B_{年}$	$U_{氧}$ 为释放氧气功能的价值(元/a);$C_{氧}$ 为制造同样体积的O_2 成本(元/t);a 为植被面积(hm²);$B_{年}$ 为植被净生产力[t/(hm²·a)]
净化水质	净化水质	$U_{水质净化} = Nab_1 + Pab_2$	$U_{水质净化}$ 为湿地净化水质功能的价值(元/a);N 为湿地单位面积平均氮去除率(t/hm²);P 为单位面积平均磷去除率(t/hm²);b_1、b_2 分别为氮和磷的处理成本(元/kg);a 为湿地面积(hm²)

6.4.3 技术流程

湿地生态系统核算分实物量和价值量核算两个阶段。其中实物量核算流程为：
① 获取基础数据，包括湿地生态系统的面积、结构及健康水平等基础数据；
② 明确每类生态系统的生态功能，根据自然资源资产负债表编制的目的和结构安排，确定湿地生态系统核算的生态功能；
③ 测定每项生态功能的功能参数，一是来源地方生态环境监测部门的监测数据；二是参考已公开出版文献中与地方生态特点相类似的参数；
④ 根据每项生态功能的核算公式进行实物量核算。

价值量核算流程为：
① 明确每项生态功能实物量的价值参数；
② 通过实物量与价值参数的乘积，获得每项生态功能的价值量。

6.4.4 资料来源

湿地的面积与结构数据来源于遥感解译及土地变更调查数据；不同类型生态功能的参数来源相关文献。

6.4.5 注意问题

湿地生态系统提供的生态调节服务功能与湿地生态系统的种群结构、年龄结构、质量水平等紧密相关。在核算时，应根据数据可获得性，及时更新生态功能参数。

6.5 小结

生态综合核算是计量一定时间内生态系统的服务价值。通过整合分散在各部门的基础数据，将生态系统服务功能折算为货币，从而明确生态系统变化趋势，更直观地反映地区的生态文明水平和人类资源利用活动对生态系统服务功能的影响，是对"绿水青山就是金山银山"的量化和具体化，为区域可持续发展和政府树立正确的政绩观提供支撑。从自然资源资产负债表编制的角度，开展生态核算，有助于全面理解和量化自然资源数量变化和质量变化的生态效应，完整认识自然资源的资源属性、环境属性和生态属性，科学评价不同类型、不同结构生态系统的多重服务功能。

本章系统梳理了生态综合核算技术，针对自然资源利用过程中的生态系统功能破坏与恢复，构建基于生态系统服务功能的实物核算与价值化方法。重点针对森林、草地、湿地三大生态系统建立了评估指标体系，阐明指标内涵，构建模型算法；采用机会成本法、影子工程法和替代市场法等手段，对不同量纲和价值量进行标准化处理，核算对象既包含草地、林地、湿地的实物量,也包含涵养水源、保育土壤、固碳释氧、净化水质等看不见但发挥着重要作用的价值量;在已有的核算基础上提出了单位面积森林、草地、湿地生态系统的实物量参数和价值量参数,为实现自然资源资产负债表编制的综合集成与业务化应用提供技术支撑。

关于自然资源资产负债表中的生态核算,还有以下问题需要开展更深入的研究。

(1)生态功能的价值不是一成不变的。生态系统服务的价值与社会经济发展对生态系统的依赖程度、人类的认知程度、生态系统服务功能的可替代产品等因素相关,在实际的核算过程中,不仅要考虑生态系统自身的结构和健康水平,还要考虑生态过程与经济过程之间的变化关系,及时更新核算参数。

(2)基于生态系统服务的价值化方法如何更加可靠?由于生态系统过程与功能间存在着许多不确定性,生态系统间接利用价值的定价理论尚不完善,评估所需资料繁多,目前采用的市场价格很难真实反映消费者剩余,如何选择合理的价格体系,建立符合中国国情的生态系统服务功能价值量参数,得出社会普遍接受的结果,是生态综合核算的核心。虽然目前对生态系统服务功能的核算无法得出精确的结果,并在很长时间内也不可能有公认的标准答案,但在一定程度上能反映生态的相对重要性以及在资源的消耗过程中生态系统的变化情况。

第 7 章

环境综合核算技术

环境综合核算表是自然资源资产负债表的扩展表之一。环境核算通过对核算期内人类资源利用活动产生环境损害的物质量及其价值量进行核算,全面体现区域环境质量,反映核算期内环境污染带来的经济损失。本章主要介绍了环境综合核算的主要技术流程和核算方法。

7.1 概述

7.1.1 环境综合核算思路

环境核算通过对核算期人类资源利用活动产生环境损害的物质量及其价值量进行核算,全面体现核算期内区域环境质量,反映核算期内环境污染带来的经济损失,促进政府部门对自然环境的保护(於方 等,2009)。

对于环境资产来讲,其增加的方式主要包括(UN,2012):①核算期内源于增长的资源存量增加;②新存量的发现;③价格再评估,即使用最新信息对存量实物规模进行重新评估而造成的变动;④在核算中的重新分类。当一种环境资产用于另一种目的时,资产在某一类别上的增加将被在另一类别上的等量减少所抵消,就环境资产整体而言,重新分类对资产总实物量不会产生影响。与环境资产增加类似,环境资产减少的方式分别为:①通过生产过程实际转移或收获环境资产而造成的存量减少;②存量的正常减少;③灾害损失;④价格再评估;⑤重新分类。针对环境资产估价中的环境资产质量变化问题,应将价格变化与相关资产的数量变化和质量变化区分开来。对环境资产来说,资产质量可能因污染或对以前环境损害的治理而改变。理论上,如果价格变化是不同质量造成的,那就应将这种变化视为资产物量变化而不是重估价。

环境资产为人类提供收益的能力不能完全归功于某一类单项资产,并且每类单项资产可能同时提供了许多不同类型的收益。尽管单项环境资产可能会随时间变化而发生退化,但将这些单项资产的退化从整个生态系统的退化中分离出来并不容易。而且,退化实物量的测度也很复杂,因为它通常依赖于对环境资产状况的详细评估而非相对简单的环境资产数量变化。虽然单独识别实物退化很复杂,但已退化的单项环境资产的货币价值将受到资产质量变动的影响。按计量单位不同,环境资产负债表可以分为实物型和价值型两种。具体对于环境介质而言,可分为水环境资产负债、大气环境资产负债和土壤污染负债三个环境资产负债分表。总计包括主表2张,即环境核算实物量表和环境核算价值量表;辅表8张,分别为水污染实物量核算表、水污染价值量核算表、大气污染实物量核算表、大气污染价值量核算表、工业固体废物实物量核算表、生活垃圾实物量核算表、工业固体废物价值量核算表和生活垃圾价值量核算表。实物量核算与价值量核算表为一一对应关系。

对于环境污染的测度问题,结合国民经济资产负债表的概念和编制方法以及国际经验认为,环境资产负债是指在绿色国民经济核算体系中,对政府一定时期的环境资源存量核算以及存量的变化核算。环境资产负债存量核算是对一国或区域一定时点上所拥有环境资产规模和构成的核算,环境资产负债流量核算是指对两个时点间生态环境资产负债变动的核算,侧重于变动原因的分类核算。存量核算与流量核算之间构成一个从期初到期末的动态平衡关系:期初存量+当期变化=期末存量。

针对具体环境资产负债表而言,首先要解决的问题是用什么指标来表征环境资产存量。从传统资源资产的角度看,大气环境、水环境并没有作为一种资产。一种思路是将环境容量作为一种重要资源,以环境容量作为表征环境资产存量的指标,以环境容量与实际污染物排放量的差值作为环境资产负债编制的依据。因为在当前的工艺技术条件下,只要进行经济活动,大多都会向环境排放各种污染物,零污染物排放还不大可能实现。但环境有一定的净化能力,不是所有的污染物排放量都会导致环境质量下降,最终发生环境损失问题,只有超过环境容量才会产生环境损失。因此,以环境容量作为环境存量指标从理论上是科学合理的指标选择,但实际操作过程存在技术方法的障碍。现有环境统计指标中,还没有环境容量指标,环境容量需要通过各种水质模型和大气模型等进行核算,而且环境容量是一个区域性很强的指标,所需的区域技术参数很多,目前全国各地还没有公认的环境容量计算结果。因此,以环境容量为环境资产存量核算指标的现实可行性较小。

环境资产负债核算的另一种思路是从环境损失变化量的角度进行。环境损害的发生是不可避免的,可以从时间序列的角度,把核算期末的环境损失与核算期初的环境损失的差值作为环境负债。这是一种从质量和存量变化的角度进行环境资产负债核算的方式。这种核算思路将环境质量作为环境资产,将环境质量变化导致的环境损失的变化量作为环境负债。如果核算期间环境损失增加,则增加的量就是正的环境资产负债;如果环境质量改善,环境损失减少,则减少的量就是负的环境资产负债,说明区域环境质量改善产生了正的环境效益。这是一种更适合绩效考核、更好操作的核算方式。

7.1.2 核算原则

(1) 国际经验与中国特色相结合

国际组织一直致力于绿色国民经济核算体系的研究,联合国主持下进行的环境经济综合核算体系(SEEA)经过多次修改完善,已经成为各国开展绿色国民经济核算研究的主要技术指南(UN,1993,2003,2012)。因此,在相关概念、核算方法、核算内容、操作规程、表式设计上可参考 SEEA-2012。但在 SEEA 等国际报告中,对环境污染账户的核算还主要以污染物排放量为主要指标,而对环境质量账户的核算方法、指标选择等都没有太多涉及。因此,须结合中国现有国民经济核算体系和环境质量数据,突出中国环境区域特色,对中国环境质量账户进行构建(王金南 等,2009)。

(2) 重点与全面相结合

核算单元是从地级市和省级两个层面开展的,核算单元越小,数据收集的难度越大。因此,环境质量账户的核算只能抓主要矛盾,指标选取不能面面俱到,主要原因是受数据限制,一些基础数据获取难度较大,进行全面核算的条件尚不具备。

(3) 存量和流量、实物量和价值量核算相结合

环境污染核算包括实物型和价值型核算两个方面。基于核算单元和核算目的的考虑,实物量数据尽可能利用环境监测的各种环境质量数据,有利于城市核算结果的对比和考核审计指标的选取(冯喆 等,2015)。同时,构建中国环境质量负债表,须对实物量数据从存量和流量两个角度分别进行账目记录。存量主要指各种环境质量指标的浓度值,流量是各种环境质量指标浓度值的年度变化量。

(4) 自下而上和自上而下的核算方法相结合

因核算单元既有城市,也有省份,而且环境质量监测数据一般都是点上的监测数据,这就需要采用一定的方法对数据进行不同单元的处理(高阳 等,2017)。为了核算的准确性,重点采用自下而上的核算方式,对于省份的实物量污染物浓度,一般以一个省份中不同城市的人口和面积作为权重,通过人口和面积加权,核算省份的环境质量浓度。对于价值量核算,以城市环境质量价值量核算的总和作为省份的环境质量价值量。但对于水环境质量账户而言,主要有流域层面和省级层面的数据,这就需要采用自上而下方式,对城市层面的数据进行分解。

7.1.3 核算目标

基于各类环境经济学方法,建立案例区包括期初储量、期末储量、储量变化与质量变化的环境货币型分类账户;在此基础上,建立环境损益综合账户,提供可以拓展应用的环境负债核算技术,形成自然资源资产负债表的环境资产部分。

7.1.4 核算步骤

(1) 环境资产基础数据收集

环境质量基础数据收集工作量较大,主要根据实际账户表的编制来确定数据收

集范围,包括试点地区城市的水环境质量和数量、大气环境质量和数量核算的相关数据,如 SO_2、PM_{10}、pH 值,主要水污染物年均浓度、需水量、地下水超采量、地表水水质超Ⅳ类水质比例、不符合水质水源水量等数据。

(2)选择计算方法,开展环境资产损失核算

利用虚拟治理成本法和生态环境经济学方法,对环境污染损失、环境治理效益的价值进行货币化分类评价。其中,虚拟治理成本法是指在现有污染平均处理技术成本下,把当年排放到环境中的污染物全部处理所需的成本,各种污染物的排放量和污染物单位治理成本是核算虚拟治理成本的关键指标。污染单位治理成本将结合污染源普查数据、调查数据等相关数据进行计算。环境退化成本是指在目前的治理水平下,生产和消费过程中所排放的污染物对环境功能造成的实际损害,其中的人体健康损失、农业减产、水资源短缺、室外建筑侵蚀、固废土地侵占的价值量核算主要采用人力资本法和机会成本法、直接市场法、间接市场法、机会成本法等进行核算。在本章中,主要选择虚拟治理成本法进行核算。

(3)编制环境资产负债表

建立案例区包括期初储量、期末储量、储量变化与质量变化的环境货币型分类账户。在分类账户构建与价值评价的基础上,建立案例区不同时期的环境损益综合账户,定量评估环境价值构成及其动态变化,为编制自然资源资产负债表提供环境损益参数和动态评估方法。

环境核算的技术路线图如图 7.1 所示。

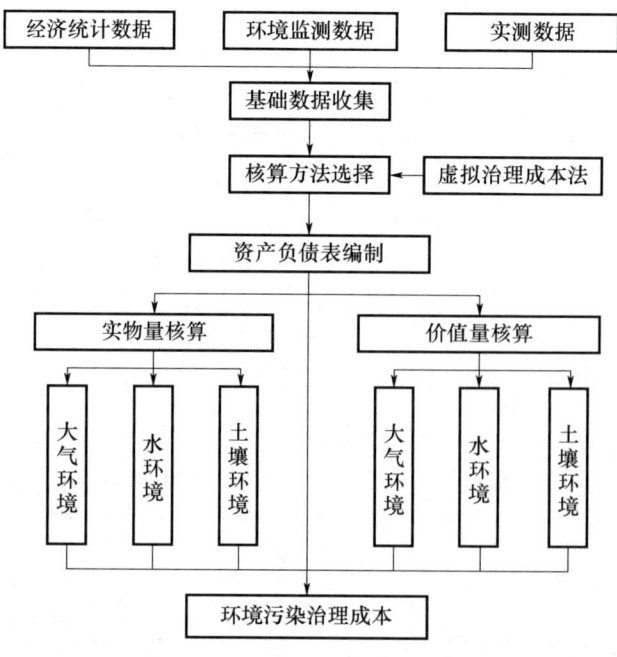

图 7.1　环境负债核算技术路线

7.2 水污染负债核算技术

7.2.1 目标与内容

水污染负债核算按照行业部门反映水环境的整体状况来进行。根据我国主要水污染物的排放状况与数据的可得性，水污染负债核算的范围包括种植业、规模化畜禽养殖业、第二产业、第三产业和生活废水，核算对象为废水和废水中污染物——COD、氨氮、石油类、重金属和氰化物等（表 7.1）。核算的指标包括废水排放量以及污染物去除量、排放量和产生量。其中，工业废水核算 COD、氨氮、氰化物、石油类四种污染物的产生量、去除量和排放量，以及重金属排放量；畜禽养殖业核算 COD、氨氮、总氮、总磷四种污染物的产生量、去除量和排放量；种植业核算氨氮、总氮和总磷三种污染物的排放量；生活废水仅核算 COD 和氨氮两种污染物的产生量、去除量和排放量。

表 7.1 水污染核算污染物种类

		第一产业		第二产业	第三产业	生活	
		种植业	规模化畜禽养殖业			城镇生活	农村生活
水污染	废水		√□	√	√□	√	□
	COD		√□	√	√□	√	□
	NH$_3$-N	√	√□	√	√□	√	□
	总氮	√	√□				
	总磷	√	√□				
	重金属			√			
	氰化物			√			
	石油类			√			

注：√表示数据来源于环境统计，□表示数据需要核算。

7.2.2 模型与方法

7.2.2.1 实物量核算方法

为了表现经济活动对水环境造成的影响，需要统计包括各产业部门的主要类型水污染物产生量、去除量和排放量，以及废水的排放量、达标排放量和未达标排放量。并根据 SEEA-2012 的编制思路，对经济活动中产生的水污染物和废水的生成、输入、输出、处理、排放等各个环节进行核算。根据核算地区数据情况，应用相同方法整理相关年度的实物量账户。在此基础上定量对比分析核算地区水环境实物量的变化特征。

水环境实物量核算方法如下。

（1）第一产业废水污染实物量核算方法

① 种植业废水排放量、排放未达标量和污染物排放量

种植业废水产生量取决于用水量和种植业生产耗水率,种植业废水排放量为产生量与污水流失系数的乘积。污染物产生和排放量主要取决于农田污染物源强系数和农作物种植面积。其中,种植面积按旱田和水田分类统计,水田仅指稻谷,旱田包括除稻谷以外的其他粮食、豆类、薯类、蔬菜瓜果以及经济作物等农作物;污染物包括氨氮、总氮、总磷三种。

污染物排放量实物量数据直接来自于该地区环境统计数据。

② 规模化畜禽养殖污染去除量和排放量

规模化畜禽养殖业废水核算按照以下公式计算:

$$PW_p = \sum_{i=1}^{5} PW_{pi} = \sum_{i=1}^{5}(B_i \times L_i \times \omega p_{pi}/100) \quad (7-1)$$

式中:PW_p 为畜禽养殖业废水产生量(万 t);PW_{pi} 为 i 种畜禽养殖业废水产生量(万 t);B_i 为 i 种畜禽存栏/出栏量(万只或万头),其中猪、肉鸡为出栏量,肉牛、奶牛和蛋鸡为存栏量;L_i 为 i 种畜禽规模化养殖比例(%);ωp_{pi} 为 i 种畜禽单位废水产生系数[t/(头或只·年)];i 为畜禽种类,分为猪、肉牛、奶牛、肉鸡、蛋鸡五类,p 代表畜禽养殖业。其中,畜禽出栏量/存栏量来自统计结果;规模化养殖比例根据调研情况;单位废水产生系数参考当地统计实践经验。

废水排放量核算方法如下:

$$EW_p = PW_p \times \omega_p \quad (7-2)$$

式中:EW_p 为畜禽养殖业废水排放量(万 t);PW_p 为畜禽养殖业废水产生量(万 t);ω_p 为畜禽养殖业废水流失系数,无量纲。其中,废水流失系数参考当地统计实践。

废水排放达标量核算方法如下:

$$ESW_p = \sum_{i=1}^{5}(PW_{pi} \times rw_i \times \omega_p/100) \quad (7-3)$$

式中:ESW_p 为畜禽养殖业废水排放达标量(万 t);rw_i 为 i 种畜禽养殖业废水处理达标率(%),按照当地统计实践确定不同畜禽养殖业废水处理达标率 rw_i。

依照上述方法计算出废水排放量和未达标排放量,根据以下方法即可得出未达标排放量:

$$EUW_p = EW_p - ESW_p \quad (7-4)$$

式中:EUW_p 为畜禽养殖业废水排放未达标量(万 t)。

污染物产生量计算方法如下:

$$PWP_{pj} = \sum_{i=1}^{5}(B_i \times L_i \times e_{pij}/10) \quad (7-5)$$

式中:PWP_{pj} 为畜禽养殖业 j 种污染物的产生量(t);e_{pij} 为畜禽养殖业 i 种畜禽 j 种污染物的排泄系数[kg/(头或只·年)]。其中,排泄系数指单个动物每天排出粪便的数量,主要与动物的种类、品种、饲料和天气条件等因素有关,根据当地统计实践取值。j 为污染物种类,分化学需氧量(COD)和氨氮。

污染物去除量计算方法如下:

$$RWP_{pj} = PWP_{pj} \times (100 - \eta_p)/100 \tag{7-6}$$

式中：RWP_{pj} 为畜禽养殖业 j 种污染物的去除量(t)；η_p 为畜禽养殖业清粪工艺中的去除率(%)。

污染物还田量计算方法如下：

$$SWP_{pj} = (PWP_{pj} - RWP_{pj}) \times r \tag{7-7}$$

式中：SWP_{pj} 为畜禽养殖业 j 种污染物的还田量(t)；r 为畜禽养殖业污染物流失系数，无量纲。

在核算污染物产生量、去除量和排放量之后，即可获得污染物排放量，计算方法如下：

$$EWP_{pj} = PWP_{pj} - SWP_{pj} - RWP_{pj} \tag{7-8}$$

式中：EWP_{pj} 为畜禽养殖业 j 种污染物的排放量(t)。

水产养殖业相关数据直接从环境统计数据中获得。

(2) 第二产业工业废水污染物实物量核算方法

工业废水实物量数据直接来自于《水资源公报》及水资源年鉴用表。

(3) 第三产业废水污染物实物量核算方法

由于城市生活废水排放难以将第三产业和生活废水分开，因此，在进行城市生活废水核算时，统一按城市生活废水的概念进行核算。核算完成后，再按各地区的公共设施用水和生活用水比例折算。城市生活废水排放量、COD 和氨氮去除量和排放量直接采用环境统计数据，下面重点讨论城市生活废水排放达标量和未达标排放量的核算方法。

① 城市生活废水产生量、排放量、排放达标量

虽然从理论上说，废水产生量为废水排放量与废水回用量之和，但在目前环境统计体系中对城市生活污水排放量的定义为：城市生活污水排放量＝城市生活污水排放系数×城市人口数×365，其中，城市生活污水排放系数即指城市生活污水产生系数，因此，城市生活废水产生量等于废水排放量。

通常认为城市生活废水经过二级和二级以上处理后即可达标排放，因此，这里通过废水产生量、处理率以及二级和三级废水处理能力比例核算废水排放达标量。

② 农村生活废水产生量、排放量、排放达标量

农村生活废水和污染物产生量、排放量和排放达标量核算方法如下：

$$T_{wr} = P_r \times \delta_{wr} \times 365 \times (1 - \omega_{pr}) \tag{7-9}$$

$$E_{wr} = T_{wr} \times \lambda_r \tag{7-10}$$

$$T_{pr} = P_r \times \delta_{pr} \times 365 \tag{7-11}$$

$$E_{pr} = T_{pr} \times \lambda_r \tag{7-12}$$

式中：T_{wr} 为农村生活废水产生量(万 t)；P_r 为农村人口数(万人)；δ_{wr} 为农村人口用水系数(t/人)；ω_{wr} 为耗水系数(%)；E_{wr} 为农村生活废水排放量(万 t)；λ_r 为流失系数，无量纲；T_{pr} 为农村生活污染物产生量(万 t)；δ_{pr} 是污染物产生系数，无量纲；E_{pr}

为农村生活污染物排放量(万 t)。

③ 第三产业废水污染物的产生量、排放量与去除量

许多城市污水处理厂既处理工业废水又处理生活废水,在环境统计年报中,污染物去除量为所有废水的污染物去除量,污染物排放量为生活废水的污染物排放量,因此,污染物排放量可以直接采用环境统计数据,而污染物去除量需要根据生活污水处理量占总污水处理量的比例以及工业废水进出口浓度差进行粗略折算。

生活和第三产业用水比例的计算方法如下两式所示:

$$p_{sw} = (V_p + V_f)/(V_p + V_f + V_d) \tag{7-13}$$

$$p_{dw} = V_d/(V_p + V_f + V_d) \tag{7-14}$$

式中:p_{sw} 为第三产业用水比例,p_{dw} 为生活用水比例,V_p 为公共服务用水,V_f 为消防及其他用水,V_d 为居民家庭用水。

污染物排放量与去除量之和为污染物产生量,即:

$$P_p = E_p + R_p \tag{7-15}$$

式中:P_p 为污染物产生量,E_p 为污染物排放量,R_p 为污染物去除量。

7.2.2.2 价值量核算方法

环境污染价值量核算的思路是从环境污染治理和污染环境退化损失的角度进行核算。虚拟治理成本指在现有污染平均处理技术成本下,把当年排放到环境中的污染物全部处理所需要的运行成本。由于虚拟治理成本考虑的是全部污染物治理需要的成本,其在核算环境污染价值中更接近实际值。因此,可以采用虚拟治理成本法核算环境污染价值量。环境污染虚拟治理成本是污染物排放量与单位治理成本的乘积。

水污染治理成本主要包括种植业废水污染治理成本、工业废水污染治理成本和城市生活废水治理成本三部分。

(1)种植业废水污染治理成本

污染物共 3 种,即氨氮、总磷、总氮。其中氨氮的主要来源为农田中投放的尿素,总氮和总磷的来源为磷酸二铵,虚拟治理成本计算公式如下:

$$C_v = \sum_{i=1}^{3} E_p \times P_f \times \mu \tag{7-16}$$

式中:C_v 为虚拟治理成本,P_f 为当年化肥市场价格,μ 为污染物修正系数。

(2)工业废水污染治理成本

污染物共 5 种,即重金属、氰化物、COD、石油类、氨氮。各工业行业废水的污染物虚拟去除率取 100%。虚拟去除率指废水经过最佳工艺处理后,可能达到的最高污染去除率,该值取 100%即意味着废水中的污染物将被全部去除,这实际上是一种假想的理想状态。但如果确定更符合实际情况的污染物去除率,对于宏观核算将意味着需要确定出各地区的污染物环境容量,这同时又将带来一定的不确定性;同时,从工业生产污染物理应被全部清除的角度考虑,取 100%也有其一定的合理性,因此,工业虚拟污染物去除率取 100%。

(3) 城市生活废水污染治理成本

城市生活废水污染治理成本计算公式如下：

$$\begin{aligned} C_{wv} &= \sum_{i=1}^{2} E_p \times p_v \\ C_{dv} &= C_{wv} \times p_{dw} \\ C_{sv} &= C_{wv} \times p_{sw} \end{aligned} \quad (7\text{-}17)$$

式中：C_{wv} 为城市废水虚拟治理成本，p_v 为城市废水单位虚拟治理成本，C_{dv} 为城市生活废水虚拟治理成本，p_{dw} 为城市生活用水比例，C_{sv} 为第三产业废水虚拟治理成本，p_{sw} 为第三产业用水比例。

7.2.3 资料来源

资料来源包括环境统计年鉴、地区统计年鉴、环保局提供的环境污染数据、环境质量报告书、《水资源公报》《中国物价年鉴》《中国城市建设年鉴》、污染源普查数据、农业统计年鉴以及各种问卷调查数据等。

7.2.4 技术流程

水环境核算技术流程（图 7.2）主要包括五个步骤。

(1) 表式设计：在参考国内外环境核算研究成果基础上，结合核算重点内容和现有核算体系经验，设计核算报表，分实物账户和价值账户两个部分。表 7.2～7.5 是水环境核算的样表。

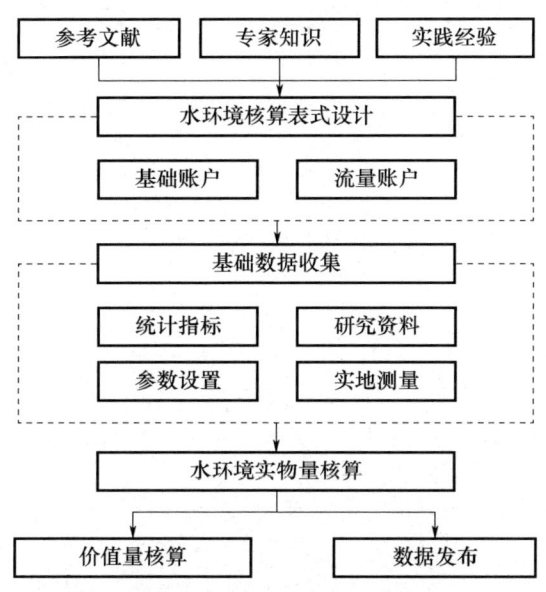

图 7.2 水环境核算技术流程

表 7.2 按产业部门分的水污染实物量核算样表

产业部门	水污染物（t） COD			水污染物（t） ……			重金属			废水（万 t）		
	产生量	去除量	排放量	产生量	去除量	排放量	产生量	去除量	排放量	排放量	排放达标量	排放未达标量
	(1)=(2)+(3)	(2)	(3)	(4)=(5)+(6)	(5)	(6)	(13)=(14)+(15)	(14)	(15)	(16)	(17)	(18)=(16)-(17)
第一产业												
种植业												
畜牧业												
农村生活												
小计												
第二产业												
煤炭开采业												
石油天然气开采业												
黑色金属矿采选业												
有色金属矿采选业												
……												
自来水生产供应业												
建筑业												
小计												
第三产业												
城市生活												
合计												

表 7.3 按地区分的水污染实物量核算样表

地区名称		COD			水污染物 (t)			重金属			废水（万 t）		
		产生量	去除量	排放量	产生量	去除量	排放量	产生量	去除量	排放量	排放量	排放达标量	排放未达标量
		(1)=(2)+(3)	(2)	(3)	(4)=(5)+(6)	(5)	(6)	(13)=(14)+(15)	(14)	(15)	(16)	(17)	(18)=(16)-(17)
东部	北京												
	……												
	海南												
	东部小计												
	占全国比例(%)												
中部	山西												
	……												
	湖南												
	中部小计												
	占全国比例(%)												
西部	内蒙古												
	……												
	新疆												
	西部小计												
	占全国比例(%)												
合计													

表 7.4 按产业部门分的水污染价值核算样表

单位：万元

产业部门	水污染物虚拟治理成本					废水虚拟治理成本
	COD	氨氮	石油类	重金属	氰化物	
	(1)	(2)	(3)	(4)	(5)	(6)
第一产业						
种植业						
畜牧业						
农村生活						
小计						
第二产业						
煤炭开采业						
石油天然气开采业						
黑色金属矿采选业						
有色金属矿采选业						
……						
自来水生产供应业						
建筑业						
小计						
第三产业						
城市生活						
合计						

表 7.5 按地区分的水污染价值核算样表

单位:万元

地区名称		水污染物虚拟治理成本					废水虚拟治理成本
		COD	氨氮	石油类	重金属	氰化物	
		(1)	(2)	(3)	(4)	(5)	(6)
东部	北京						
	……						
	海南						
	东部小计						
	东部占全国比例(%)						
中部	山西						
	……						
	湖南						
	中部小计						
	中部占全国比例(%)						
西部	内蒙古						
	……						
	新疆						
	西部小计						
	西部占全国比例(%)						
合计							

(2)基础数据收集:各类相关资料,主要包括:①现行统计数据,如统计年鉴、环境年鉴等;②与核算相关的研究成果、调研报告;③核算方法中列明的各类参数的估算依据和结果;④进行实地测量和考察的结果。

(3)实物量核算:通过对现有基础数据的分析和归纳,按照既定核算方法,对账户中各项内容进行计算,并根据结果填制表格。

(4)结果输出:实物量核算结果有两个输出渠道,一方面可作为价值量核算的基础数据进入下一步计算,另一方面可对实物量结果进行分析与总结,形成核算报告。

(5)价值量核算:基于虚拟治理成本法和环境退化损失法进行价值量核算。

7.2.5 注意问题

水环境核算中,一些数据需要通过参数估计的方法从现有统计数据中分析、推算获得。为提高核算准确度,在参数估计过程中,应因地制宜,对核算地区情况进行深入了解,对现有研究的参数设置进行仔细分析、甄别,不宜照搬其他地区的相关成果。在有条件的情况下,经过推算获得的数据应与其他经实地测量或现有统计渠道的数据相互印证,避免因参数设置错误而产生核算误差过大的情况。

7.3 大气污染负债核算技术

7.3.1 目标与内容

大气污染负债核算按照行业部门反映大气环境的整体状况。根据我国主要大气染物的排放状况与数据的可得性,大气污染负债核算的范围包括农业、工业、第三产业和居民生活的各种大气污染物,核算对象为SO_2、烟粉尘、NO_X和CO_2等(表7.6)。核算的指标包括工业SO_2、烟尘、粉尘和NO_X的产生量、排放量和去除量,以及第三产业和城市生活SO_2、烟尘和NO_X的产生量、排放量和去除量,农业和农村生活SO_2、烟尘和NO_X的产生(排放)量。

表7.6 大气污染核算污染物种类

		第一产业		第二产业	第三产业	生活	
		种植业	规模化畜禽养殖业			城镇生活	农村生活
大气污染	SO_2	☐	☐	√	☐	√☐	☐
	NO_X	☐	☐	√	√☐	√☐	☐
	烟尘	☐	☐	√	☐	√☐	☐
	工业粉尘			√			
	CO_2	☐	☐	☐	☐	☐	☐

注:√表示数据来源于环境统计,☐表示数据需要核算。

7.3.2 模型与方法

7.3.2.1 实物量核算方法

为了表现经济活动对大气环境造成的影响,根据环境统计数据,以矩阵表达形式,编制大气环境实物量核算表,统计各产业部门的主要类型大气污染物的产生量、去除量和排放量。并根据 SEEA-2012 的编制思路,对经济活动中产生的大气污染物的生成、输入、输出、处理、排放等各个环节进行核算。根据数据情况,应用相同方法整理相关年度的实物量账户。在此基础上定量对比分析本地区大气环境实物量的变化特征。

SO_2、烟粉尘、NO_X 重点污染源的去除量、排放量都来自环境统计数据,但目前环境统计数据只包括重点污染源,需要对非重点污染源的大气污染物进行核算。

(1) 非重点污染源 SO_2 产生量

非重点污染源 SO_2 产生量核算方法如下:

$$SPQ_{ij} = ECQ_{ij} \times S^y \times \alpha \times 2 \tag{7-18}$$

式中:SPQ_{ij} 为 SO_2 产生量(万 t);ECQ_{ij} 为能源消耗量(万 t 或亿 m^3 或亿 kWh);i 为 39 个工业行业;j 为煤炭和燃料油两种能源;α 为燃料中硫的转化率(%);S^y 为燃煤或燃料油的含硫量(%)。

(2) 非重点污染源烟尘产生量

非重点污染源烟尘产生量核算方法如下:

$$APQ_i = ECQ_i \times A^y/100 \times \omega \tag{7-19}$$

式中:APQ_i 为烟尘产生量(万 t);ECQ_i 为煤炭能源消耗量(万 t);A^y 为煤炭灰分含量(%);ω 为进入大气的系数,无量纲。

(3) 非重点污染源 NO_X 产生量

非重点污染源 NO_X 产生量核算方法如下:

$$NPQ_{ij} = ECQ_{ij} \times GDF_{ij} \tag{7-20}$$

式中:NPQ_{ij} 为 NO_X 产生量(万 t);GDF_{ij} 为 NO_X 排放因子(kg/t 或 kg/$m^3 \times 10^{-4}$)。

(4) 生活大气污染去除量

生活大气污染去除主要表现在煤改气和集中供热两种方式,去除的污染物主要包括 SO_2、NO_X 和烟尘三种污染物。

煤改气生活大气污染物去除量计算方法如下所示:

$$RCPQ_j = \sum_{i=1}^{3} \frac{ECQ_i}{\varepsilon_i} \times GDF_{cj} - \sum_{i=1}^{3} ECQ_i \times GDF_{ij} \tag{7-21}$$

式中:$RCPQ_j$ 为煤改气污染物去除量(t);j 为污染物种类;i 为能源的种类,1 为煤气,2 为液化石油气,3 为天然气;ECQ_i 为第 i 种能源的使用量(t);ε_i 为煤与第 i 种能源的热值比,无量纲;GDF_{cj} 为煤的第 j 种污染物的排放因子;GDF_{ij} 为第 i 种能源的第 j 种污染物排放因子。

集中供热生活大气污染物去除量计算方法如下所示:

$$RJPQ_j = A_h \times ecq_c \times GDF_{csj}/0.8 - \sum_{i=1}^{4} ECQ_i \times GDF_{ij} \qquad (7-22)$$

式中：$RJPQ_j$ 为集中供热污染物去除量(t)；j 为污染物种类；A_h 为集中供热面积(m^2)；ecq_c 为集中供热单位面积煤消耗量(t/m^2)；GDF_{csj} 为小燃煤锅炉第 j 种污染物排放因子；i 为能源的种类，1 为煤，2 为燃油，3 为煤气，4 为天然气；ECQ_i 为第 i 种能源的使用量(t)；GDF_{ij} 为第 i 种能源的第 j 种污染物排放因子。

(5) 交通 NO_X 排放量核算

根据不同排放标准、不同车型以及不同用油类型（汽油和柴油）下的汽车数量、行驶里程、工作效率、排放因子等参数，核算 NO_X 的排放量。其计算方法如下：

$$EQ_{NO_X} = \sum_{k=1}^{4} \sum_{j=1}^{3} \sum_{i=1}^{2} N_{ijk} \times L_{ijk} \times W_{ijk} \times GDF_{ijk} \qquad (7-23)$$

式中：EQ_{NO_X} 为交通 NO_X 排放量(t)；k 为不同排放标准，分为国Ⅲ、国Ⅱ、国Ⅰ和国 0；j 为不同车型，分为轻型、中型和重型；i 为不同用油类型，分为汽油和柴油；N_{ijk} 为 k 排放标准 j 车型使用 i 类油的汽车数量（万辆）；L_{ijk} 为 k 排放标准 j 车型使用 i 类油的汽车本年度平均行驶里程(km)；W_{ijk} 为 k 排放标准 j 车型使用 i 类油的汽车的工作效率(L/km)；GDF_{ijk} 为 k 排放标准 j 车型使用 i 类油的汽车的排放因子(t/L)。

(6) CO_2 排放量核算

根据现有的研究成果，全球气候变化已成为不争的事实。全球平均地面温度的上升带来了诸多环境问题。以 CO_2 为代表的温室气体排放，是造成全球变暖的重要原因。中国作为经济高速增长的发展中国家，其碳排放也在快速增加。目前，中国已成为世界最大的碳排放国家。因此，对 CO_2 排放量进行核算，也属于环境污染核算中的重要组成部分。

CO_2 排放量核算方法如下：

$$E_i = \sum_j \delta_j \times Q_j \times O_j \times D_j \qquad (7-24)$$

式中：E_i 为第 i 行业或地区的 CO_2 排放量(t)；j 为化石能源的种类；δ_j 为单位质量化石能源所释放的热量(10^6 kJ/t)；Q_j 为第 j 种能源的碳排放因子(kg/10^6 kJ)；O_j 为第 j 种化石能源的碳氧化率；D_j 为第 j 种能源的消费量(t)。

7.3.2.2 价值量核算方法

如水环境价值量核算所述，采用污染虚拟治理成本法进行环境价值量核算，对于大气环境来说，大气污染治理成本包括工业大气污染治理成本以及生活大气污染治理成本等。具体核算方法如下。

(1) 工业大气污染虚拟治理成本

工业废气的实际治理成本核算方法是将地区废气治理总成本分解到 SO_2、烟粉尘和 NO_X 等污染物。工业废气的行业实际治理成本根据地区废气治理总成本调整各个行业总的废气治理成本，然后根据各种污染物计算的结果来分解。地区工业废气的虚拟治理成本以按行业核算出的污染物虚拟治理成本为准，污染物的虚拟治理成本总和即为各地区大气污染总的治理成本。

行业大气污染虚拟治理成本为 SO_2 虚拟治理成本、烟粉尘虚拟治理成本和 NO_X 虚拟治理成本之和。

(2)生活大气污染虚拟治理成本

生活大气污染治理成本由燃气和集中供热两部分的运行成本组成,其核算方法如下所示:

$$C_{apa} = \sum_{i=1}^{3} V_g \times C_g + A_h \times C_h \qquad (7\text{-}25)$$

$$C_{apv} = \sum_{i=1}^{3}(P_c \times (1-r_{cg}) \times r_g \times v_g \times C_g) + (A_r - A_h) \times C_h \qquad (7\text{-}26)$$

式中:C_{apa} 为生活大气污染实际治理成本(t),V_g 为燃气使用量(t),C_g 为燃气使用成本(万元),A_h 为集中供热面积(m^2),C_h 为集中供热成本(万元),C_{apv} 为生活大气污染虚拟治理成本(万元),P_c 为城市人口,r_{cg} 为城市气化率,r_g 为燃气使用比例,v_g 为人均燃气使用量(m^3),A_r 为年末实际住宅面积(m^2)。其中:燃气共3种,天然气、煤气和液化石油气;燃气使用成本、集中供热成本和各种燃气的使用比例根据调查获得;城市人口、燃气使用量、集中供热面积、城市气化率来源于城建部门调查获得,年末实际住宅面积来源于各年份统计年鉴;人均燃气使用量=燃气使用量/用气人口,用气人口来源于城建部门,各种燃气的使用比例根据各种燃气的使用量计算获得。

(3)交通 NO_X 虚拟治理成本

交通 NO_X 虚拟治理成本计算方法如下:

$$CT_{NO_X v} = \sum_{i=1}^{3}(c_4 - c_i) \times N_i \qquad (7\text{-}27)$$

式中:$CT_{NO_X v}$ 为交通 NO_X 虚拟治理成本(万元);i 为汽车排放标准,1 为国Ⅰ,2 为国Ⅱ,3 为国Ⅲ,4 为国Ⅳ;c_i 为符合 i 排放标准的单位汽车治理成本(万元/辆);N_i 为符合 i 排放标准的汽车数量(辆)。

7.3.3 资料来源

资料来源包括环境统计年鉴、地区统计年鉴、环保局提供的环境污染数据、环境质量报告书、《水资源公报》《中国物价年鉴》《中国城市建设年鉴》、污染源普查数据、农业统计年鉴以及各种问卷调查数据等。

7.3.4 技术流程

大气环境核算基本流程与水环境基本相同(图7.3),分成以下五步。

(1)表式设计:在参考国内外环境核算研究成果基础上,结合核算重点内容和现有核算体系经验,设计核算报表。表7.7~7.10是大气环境核算的样表。

(2)基础数据收集:广泛收集各类相关资料,主要包括:①现行统计数据,如统计年鉴、环境年鉴等;②与核算相关的研究成果,调研报告;③核算方法中列明的各类参

表 7.7　按产业部门分的大气污染实物量核算样表

单位：万 t

产业部门	SO₂			烟尘			工业粉尘			NOₓ			CO₂		
	产生量	去除量	排放量	产生量	去除量	排放量	产生量	去除量	排放量	产生量	去除量	排放量	产生量	去除量	排放量
	(1)= (2)+(3)	(2)	(3)	(4)= (5)+(6)	(5)	(6)	(7)= (8)+(9)	(8)	(9)	(10)= (11)+(12)	(11)	(12)	(13)= (14)+(15)	(14)	(15)
第一产业															
种植业															
畜牧业															
农村生活															
小计															
第二产业															
煤炭采选业															
……															
自来水生产供应业															
建筑业															
小计															
第三产业															
城市生活															
合计															

表 7.8 按地区分的大气污染实物量核算样表

单位：万 t

地区名称		SO$_2$			烟尘			工业粉尘			NO$_x$			CO$_2$		
		产生量	去除量	排放量	产生量	去除量	排放量	产生量	去除量	排放量	产生量	去除量	排放量	产生量	去除量	排放量
东部	北京	(1)=(2)+(3)	(2)	(3)	(4)=(5)+(6)	(5)	(6)	(7)=(8)+(9)	(8)	(9)	(10)=(11)+(12)	(11)	(12)	(13)=(14)+(15)	(14)	(15)
	……															
	海南															
	东部小计															
	东部占全国比例(%)															
中部	山西															
	……															
	湖南															
	中部小计															
	中部占全国比例(%)															
西部	内蒙古															
	……															
	新疆															
	西部小计															
	西部占全国比例(%)															
合计																

表 7.9 按产业部门分的大气污染价值量核算样表

单位：万 t

产业部门	SO_2 (1)	烟尘 (2)	工业粉尘 (3)	NO_x (4)	CO_2 (5)	合计 (6)
第一产业						
种植业						
畜牧业						
农村生活						
小计						
第二产业						
煤炭开采业						
石油天然气开采业						
黑色金属矿采选业						
有色金属矿采选业						
……						
自来水生产供应业						
建筑业						
小计						
第三产业						
城市生活						
合计						

表 7.10 按地区分的大气污染值量核算表

单位:万 t

地区		SO₂ (1)	烟尘 (2)	工业粉尘 (3)	NOₓ (4)	CO₂ (5)	合计 (6)
东部	北京						
	……						
	海南						
	东部小计						
	东部占全国比例(%)						
中部	山西						
	……						
	湖南						
	中部小计						
	中部占全国比例(%)						
西部	内蒙古						
	……						
	新疆						
	西部小计						
	西部占全国比例(%)						
合计							

数的估算依据和结果;④进行实地测量和考察的结果。

(3)实物量核算:通过对现有基础数据的分析和归纳,按照既定核算方法,对设计账户中各项内容进行计算,并根据结果填制表格。

(4)结果输出:实物量核算结果有两个输出渠道,一方面可作为价值量核算基础数据进入下一步计算,另一方面可对结果进行分析与总结,形成核算报告。

(5)价值量核算:基于虚拟治理成本法进行价值量核算。

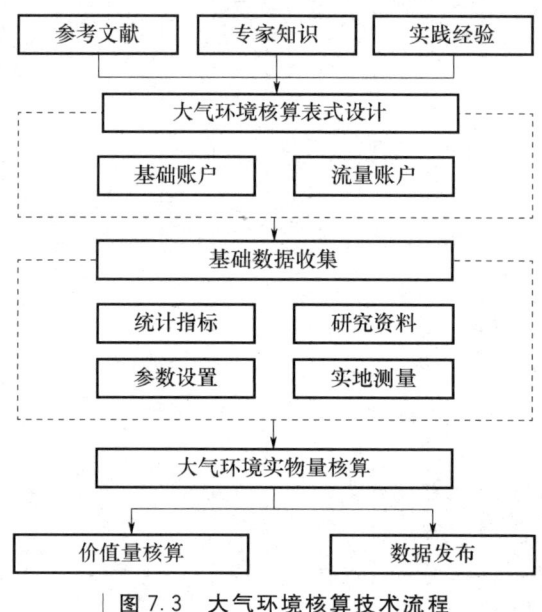

图 7.3　大气环境核算技术流程

7.3.5　注意问题

与水环境实物量核算相比,大气环境实物量核算与现行环境统计重合度较高,因此在数据收集过程中,可多采用现有统计年鉴数据。

7.4　土壤污染负债核算技术

7.4.1　目标与内容

土壤污染负债核算主要包括工业固体废弃物和生活垃圾两部分内容。固体废物负债核算按照行业部门反映固体废物产生、排放和处理的整体状况来进行。根据我国主要固体废物的排放状况与数据的可得性,固体废物负债核算的范围包括工业行业和城镇生活固体废弃物,核算对象为一般工业固体废物、工业危险废物和生活垃圾等。核算的指标包括工业固体废物和危险废物的产生量、综合利用量、储存量、处置量和排放量,城市生活垃圾的产生量、处理量(包括卫生填埋量、堆肥量、无害化焚烧量和简单处理量)和堆放量。

7.4.2 模型与方法

7.4.2.1 实物量核算方法

为了表现固体废物对环境造成的影响,根据 SEEA-2012 的编制思路,对经济活动中产生的固体废弃物的产生、输入、输出、处理、环境流入等各个环节进行核算。根据数据情况,应用相同方法整理相关年度的实物量账户。在此基础上定量对比分析本地区实物量的变化特征。

固体废物实物量核算主要内容均可以从相关统计资料中直接获得。

7.4.2.2 价值量核算方法

(1)工业固体废物虚拟治理成本

工业固体废物虚拟治理成本计算方法如下:

$$C_{iwv} = C_{st} \times (p_{bw} - p_{sw}) + C_{sw} \times p_{sw} \tag{7-28}$$

式中:C_{iwv} 为工业固体废物的虚拟治理成本(万元);C_{st} 为工业固体废物的储存量(t);p_{bw} 为处置工业固体废物单位成本(万元/t);p_{sw} 为储存工业固体废物单位成本(万元/t);C_{sw} 为工业固体废物的排放量(t)。

(2)生活垃圾虚拟治理成本

生活垃圾的虚拟治理成本由简易处理垃圾实现无害化处理以及无序堆放垃圾和有序堆放垃圾实现无害化处理所需的两部分虚拟治理成本构成。简易处理量采用城建年报数据,无序和有序堆放量采用实物量核算结果。

7.4.3 资料来源

资料来源包括:环境统计年鉴、地区统计年鉴、环保局提供的环境污染数据、环境质量报告书、《水资源公报》《中国物价年鉴》《中国城市建设年鉴》、污染源普查数据、农业统计年鉴以及各种问卷调查数据等。

7.4.4 技术流程

固体废物核算技术流程与水环境核算基本相同(图 7.4)。可以分成以下五步。

(1)表式设计:在参考国内外环境核算研究成果基础上,结合核算重点内容和现有核算体系经验,设计核算报表。表 7.11~7.15 是固体废物污染负债核算的样表。

(2)基础数据收集:广泛收集各类相关资料,主要包括:①现行统计数据,如统计年鉴、环境年鉴等;②与核算相关的研究成果,调研报告;③核算方法中列明的各类参数的估算依据和结果;④进行实地测量和考察的结果。

(3)实物量核算:通过对现有基础数据的分析和归纳,按照既定核算方法,对设计账户中各项内容进行计算,并根据结果填制表格。

表 7.11 按行业分的工业固废污染实物量核算样表

单位：万 t

行业名称	产生量		综合利用量		处置量		储存量		排放量	
	一般工业固废	危险废物	一般工业固废	危险废物	一般工业固废	危险废物	一般工业固废	危险废物	一般工业固废	危险废物
煤炭开采和洗选业										
黑色金属矿采选业										
有色金属矿采选业										
……										
化学原料及化学制品制造业										
黑色金属冶炼及压延加工业										
有色金属冶炼及压延加工业										
……										
燃气生产与供应业										
合计										

表 7.12　按地区分的工业固废污染实物量核算样表

单位：万 t

地区名称		产生量		综合利用量		处置量		储存量		排放量	
		一般工业固废	危险废物	一般工业固废	危险废物	一般工业固废	危险废物	一般工业固废	危险废物	一般工业固废	危险废物
东部	北京										
	……										
	海南										
	小计										
	占全国的比例(%)										
中部	山西										
	……										
	湖南										
	小计										
	占全国的比例(%)										
西部	内蒙古										
	……										
	新疆										
	小计										
	占全国的比例(%)										
合计											

表 7.13　按地区分的生活垃圾污染实物量核算样表

单位：万 t

地区名称		垃圾产生量	无害化处理量				简易处理量		堆放量	
			卫生填埋量	无害化焚烧处理量	堆肥处理量	简易填埋量			有序	无序
东部	北京									
	……									
	海南									
	小计									
	占全国的比例（%）									
中部	山西									
	……									
	湖南									
	小计									
	占全国的比例（%）									
西部	内蒙古									
	……									
	新疆									
	小计									
	占全国的比例（%）									
合计										

表 7.14 按行业分的工业固体废物价值核算样表

单位:万元

行业部门	实际治理成本		储存废物虚拟治理成本		排放废物虚拟治理成本		总实际治理成本	总虚拟治理成本
	一般工业固废	危险废物	一般工业固废	危险废物	一般工业固废	危险废物		
	(1)	(2)	(3)	(4)	(5)	(6)	(7)=(1)+(2)	(8)=(3)+(4)+(5)+(6)
煤炭开采和洗选业								
黑色金属矿采选业								
有色金属矿采选业								
……								
化学原料及化学制品制造业								
黑色金属冶炼及压延加工业								
有色金属冶炼及压延加工业								
……								
燃气生产与供应业								
合计								

表7.15 按地区分的工业固体废物价值量核算样表

单位：万元

地区名称		实际治理成本		储存废物虚拟治理成本		排放废物虚拟治理成本		总实际治理成本	总虚拟治理成本
		一般工业固废	危险废物	一般工业固废	危险废物	一般工业固废	危险废物	(7)=(1)+(2)	(8)=(3)+(4)+(5)+(6)
		(1)	(2)	(3)	(4)	(5)	(6)		
东部	北京								
	……								
	海南								
	小计								
	东部占全国比例(%)								
中部	山西								
	……								
	湖南								
	小计								
	中部占全国比例(%)								
西部	内蒙古								
	……								
	新疆								
	小计								
	中部占全国比例(%)								
合计									

(4)结果输出:实物量核算结果有两个输出渠道,一方面作为价值量核算的基础数据进入下一步计算,另一方面对结果进行分析与总结,形成核算报告。

(5)价值量核算:基于污染虚拟治理成本法进行价值量核算。

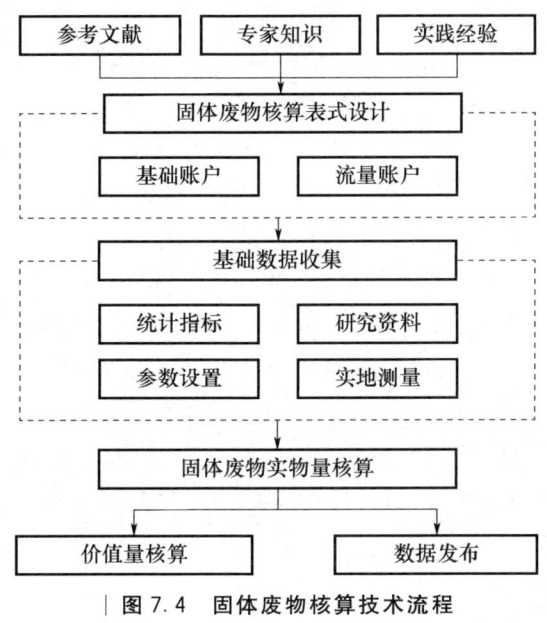

图7.4 固体废物核算技术流程

7.5 小结

污染物的排放是造成环境问题的重要原因。随着人类创造财富的能力和手段突飞猛进,各种污染物的排放严重危害社会的可持续发展。我国自改革开放以来,经济飞速发展的同时,也承受着各种污染物排放导致的环境退化,以及由此造成的人民生活水平的降低,不利于生态文明的建设。因此,环境污染核算是自然资源资产负债表编制的重要组成部分,在政府官员离任审计中发挥着重要作用。

本章全面系统梳理了环境污染核算技术;阐述了环境污染核算的总体思路,将污染按照环境介质分为水环境污染、大气环境污染和固体废物;设计了环境污染实物量核算和价值量核算两个组成部分;探讨了环境容量计算和环境损失变化量计算两种核算思路;提出了国际经验与中国特色相结合,重点与全面相结合,存量和流量、实物量和价值量核算相结合以及自下而上和自上而下的核算方法相结合的核算原则;明确了基础数据收集-环境损失核算-资产负债表编制三个主要步骤。

本章综合使用虚拟治理成本法,详细梳理了水污染、大气污染和固体废物负债核算的模型、算法、参数设置、资料来源、技术流程和注意事项,为拓展应用核算技术、编制自然资源资产负债表提供了参考。

尽管环境污染核算技术研究已经取得了一定的进展,但仍存在以下一些问题亟待解决。

(1)数据、参数获取难度较大。环境污染核算需要汇总综合大量的数据。目前我国的环境统计体系已经初步建立,可以提供较大程度的数据支撑,但就全面掌握环境信息的要求来看,还有一定的差距。在核算中,不可避免地需要采用不同的数据来源,会造成核算准确度的降低。另外,在核算中,一些数据需要根据当地实际情况设定相应的参数进行估计,参数的获取难度随着核算范围的扩大而提高。

(2)依赖相关领域研究支撑。环境污染造成的损害是复杂多样的,这些损失与环境污染水平的数量关系还难以建立。例如,很多环境污染和人体健康的暴露-反应关系还不明确,环境污染对人身体的直接损失还无法计量,需要推进公共卫生等领域的研究,为污染核算技术提供理论支撑。又如环境污染对生产材料、产品的质量产生影响,这种影响造成的经济损失也难以全面估量,需要相关领域的研究提供支撑。

(3)污染物的流动特性尚无法反映。由于环境中广泛存在的物质循环,导致污染物可随空气、河流等介质进行扩散、流动。限于技术手段原因,污染物的流动过程还难以全面刻画。因此在一定的核算范围内,如果以污染产生地核算,则无法确定损失发生的范围;以污染物浓度核算,则无法确定污染产生的单位。这一矛盾给污染核算的准确度和实用性造成影响。

第 8 章
自然资源资产负债表编制与更新系统

集多尺度、多要素、多数据、多方法为一体的自然资源资产负债表编制与更新系统,可以实现多源数据融合集成、自然资源资产负债表编制与更新以及可视化表达等。基于对资源、环境、生态等核算的技术、方法进行系统性集成,最终可以构建自然资源资产负债表编制与更新系统,实现自然资源资产负债表编制技术系统的集成与应用。本章主要对系统的概述、需求分析、总体设计以及系统的实现与应用进行介绍。

8.1 系统概述

自然资源资产负债表的编制是一个涉及多学科、多领域、多技术的复杂的计算过程(王姝娥 等,2014;李清彬,2015)。自然资源资产负债表的编制数据量较大、涉及专业领域多,在编制的过程中需要耗费大量的人力和物力,因此,自然资源资产负债表编制与更新系统的研发十分必要。一方面,自然资源资产负债表编制与更新系统的研发可以实现自然资源资产负债表编制的自动化、智能化与数字化,将冗余庞杂的信息通过计算机处理,使大量的人力和物力从自然资源资产负债表的编制工作中解脱出来,实现高效编制的效果;另一方面,将地理信息系统和自然资源科学相结合,能够弥补传统自然资源科学在数据集成与管理上的不足,为生态环境保护提供全面、及时、准确和客观的信息、服务和技术支持。

本章在前面章节的基础上,遵循"总体设计-负债表编制技术系统集成-成果集成与业务化应用"的思路展开。首先是分析自然资源资产负债表编制与更新系统的应用需求,开展平台总体设计;其次是自然资源资产负债表编制技术系统集成与应用,在系统梳理自然资源资产负债表表式结构与报表体系及其相应的核算技术方法的基础上,实现自然资源资产负债表编制与更新系统的研发及应用;然后是平台成果集成与业务化应用,实现自然资源资产负债表编制与成果的可视化表达及业务化应用。自然资源资产负债表编制与更新系统的研发,形成了一套可复制、可拓展、可推广的支撑自然资源资产负债表编制的标准化与自动化系统,对我国自然资源资产负债表编制技术的完善具有很好的推动作用,为后续推广全国大范围的自然资源资产负债表编制工作提供了可实践、可应用的系统平台。

8.2 系统需求分析

8.2.1 系统需求分析概述

需求分析是软件系统生命周期中最重要的一环,通过需求分析可以把软件系统的功能需求和性能需求的总体概念描述为具体的软件系统需求规格说明,进而奠定软件系统开发的基础。需求分析过程也是一个不断认识和逐步细化的过程。该过程将计划阶段所确定的范围逐步细化到可详细定义的程度(王小明 等,2001;殷人昆 等,2010)。系统需求分析包括系统建设目标、性能需求和功能需求分析(刘友华,1996;文庭孝 等,2015)。

8.2.1.1 需求分析的目的

需求分析的目的是准确、全面了解用户的各项需求,并且在具体的功能中满足用户的这些需求。系统需求分析在系统的设计和实现过程中具有非常重要的意义,是系统设计的基础(王法山,2010)。

8.2.1.2 需求分析的要求

需求分析必须考虑以下方面(殷人昆 等,2010):

(1)完整性,每项获取的需求都应给出清楚的描述,使得开发工作能够取得设计和实现该功能所需要的全部必要信息;

(2)正确性,获取的每项需求必须是准确无误的,并且需求描述无歧义性;

(3)合理性,各项需求之间应是协调一致的,不应该存在矛盾和冲突;

(4)可行性,获取的每项需求必须具有:

技术可行性:在现有条件和环境下技术实现是不存在问题的;

经济可行性:设计和实现不会超出预算范围;

社会可行性:不会涉及知识产权的侵权问题,这包括项目的实施不会对其他组织构成侵权,也不会使本组织的知识产权受到侵害;

(5)充分性,获取的需求是否全面、周到。

8.2.1.3 需求分析的层次

需求分析包括四个不同的层次:业务需求、功能需求、非功能需求和数据需求。

(1)业务需求:反映了组织机构对系统和产品高层次的目标要求。

(2)功能需求:基于用户需求,定义了开发人员必须实现的系统功能。功能需求指系统需要完成的事情,即向用户提供的一些功能。

(3)性能需求:描述了系统所应具备的性能要求,比如可靠性、可扩展性、可移植性、安全性等。

(4)数据需求:数据是系统正常运行的基础,基于上述需求分析过程,整理归纳需要收集的数据清单。

8.2.1.4 数据库需求分析

数据库在一个系统中占据着十分重要的位置,数据库结构设计得合理与否将对系统是否高效和实现的成效是否好有着直接影响。为了能够增强数据存储的效率,需要精确地设计数据库的结构,用来确保数据的完整性和一致性。拥有好的数据库对完成系统设计是有利的。数据库系统在设计时必须先充分认识到用户的每个方向的需求,包含已有的和未来也许会添加的需求(李子义,2015)。

8.2.2 自然资源资产负债表系统需求分析

8.2.2.1 系统建设目标

自然资源资产负债表编制与更新系统的目的是为了对自然资源资产负债表编制的方法和技术进行集成,以实现自然资源资产负债表编制的系统化和数字化(封志明等,2016)。该系统旨在突破多源数据融合技术、自然资源资产负债表编制与更新系统集成技术以及成果集成与可视化表达技术,在基础数据库的支撑下,通过自动调用数据库中基础数据集以及自然资源核算模型和生态环境损益核算模型,进行自然资源资产核算,并实现对自然资源资产负债表时空数据库的更新,研发一套具备数据管理-模型管理-业务流程管理-成果可视化的业务平台,并在国家批准的示范区开展示范应用,以满足政府部门业务应用需求。

8.2.2.2 功能需求分析

在走访了国家及地方政府和相关部门(浙江省湖州市、国家统计局、河北省承德市等)之后,可获取潜在一线用户对该系统的功能需求,包括数据库功能需求和业务功能需求。在数据库方面,因为该系统涉及的数据较多,因此,数据库应该在内存和数据类型上满足系统展示及核算需求,数据本身涉及统计数据和空间数据,考虑到数据库需求以及各类数据库的特征,基于 PostgreSQL 数据库的空间数据库可满足本系统的要求。未来数据管理,可将数据库分为基础数据库、专题数据库和成果数据库。关于该系统的业务功能,考虑负债表的组成及编制需求,结合业务部门的业务需要,系统的功能主要包括自然资源核算、环境核算、生态核算和综合核算。该核算成果涵盖了基础表、辅表、主表和总表,可以满足不同业务层次人员的需求。

8.2.2.3 技术需求分析

该系统需要的技术包括多源数据融合技术、自然资源资产负债表编制与更新系统集成技术以及成果集成与可视化表达技术。由于该系统所需的数据跨部门、跨学科、跨空间尺度,因此,多源数据融合技术在系统研发中非常有必要。自然资源资产负债表编制技术主要是集成前几章节中涉及的核算方法和技术。自然资源资产负债表编制与更新系统最终结果需要以图表的形式呈现,同时在数据库管理方面,对于空间数据,亦需要可视化的表达效果。因此,方法集成与可视化技术也是该系统所需要的。目前,基于地理信息技术的二次开发与应用技术较为成熟,并且有其他领域的成熟案例可供参考,可以满足系统需求(王爽 等,2015)。

8.2.2.4 可行性分析

在技术可行性方面,PostgreSQL 数据库技术、多元数据融合技术、图表可视化分析等技术均可行;在经济可行性方面,该系统依托中国科学院地理科学与资源研究所开展研究,拥有科研项目作支撑,因此,经济可行;在应用可行性方面,该系统的主要用户为政府业务部门,目前,"两山理论"的提出以及绿色 GDP 不断受到重视,该系统的应用需求可观,同时,该系统还具有较为深远的社会影响,该系统是一套可复制、可拓展、可推广的支撑自然资源资产负债表编制的标准化与自动化系统,对推动我国自然资源资产负债表编制技术的完善,为后续推广全国大范围的自然资源资产负债表编制工作提供较好的依据和参考。

8.3 系统总体设计

8.3.1 系统设计概述

8.3.1.1 系统设计的概念

系统设计就是根据系统分析阶段所确定的新系统的逻辑模型,综合考虑各种约束,利用一切可用的技术手段和方法,进行各种具体设计,提出一个能在计算机上实现的新系统的实施方案,解决"系统怎样做"的问题。系统设计的任务是:在系统分析提出的逻辑模型的基础上,科学合理地进行物理模型的设计(张世民,2006)。

8.3.1.2 系统设计的原则

经过几十年的发展,现在已经有了一些良好的系统设计原则成为设计人员应用更复杂的设计方法的基础(尹晓雷 等,2010),系统设计的 5 项原则(殷人昆 等,2010)如下。

(1)分而治之

分而治之是人们解决大型复杂问题时通常采用的策略。体系结构设计和模块化设计都是分而治之策略的具体体现。

(2)模块独立性

模块独立性是指系统中每个模块只涉及软件要求的具体的子功能,而与其他模块的接口是简单的。一般采用两个准则度量模块的独立性,即模块间的耦合和模块的内聚。

(3)提高抽象层次

抽象是指忽视一个主题中与当前目标无关的方面,以便更充分地注意与当前目标的有关方面。设计开始时应尽量提高软件的抽象层次,按抽象级别从高到低进行设计。

(4)复用性设计

复用是指同一事物不做修改或稍加修改就可以多次重复使用。在设计阶段就要考虑软件复用问题,并进行复用性设计。复用性设计有两方面含义:一是尽量使用已有构件;二是如果确实需要创建新的构件,则在设计时应该考虑将来的可重复使用性。

(5)灵活性设计

保证软件灵活性设计的关键是抽象。在设计中引入灵活性的方法有降低耦合并提高内聚、建立抽象、不要将代码写死、抛出异常、使用并创建可复用的代码(殷人昆等,2010)。

8.3.1.3 系统设计内容

系统总体设计内容包括:系统总体业务逻辑、系统总体结构、系统总体功能以及系统总体硬件网络结构和软件结构。

(1)系统总体业务逻辑设计

在进行系统架构设计前应根据需求分析确定的先行系统的需求和目标系统的需求,确定系统的总体业务逻辑结构和目标系统的工作流程。

(2)系统总体结构设计

系统结构设计是根据系统的业务逻辑结构、系统的实际应用情况决定系统的软件系统的架构和硬件拓扑结构。

(3)系统总体功能设计

系统功能设计是在确定了系统的逻辑结构后,根据现行系统的功能,确定目标系统的总体功能和功能划分。

(4)确定系统的网络结构和硬件选型

根据系统的结构设计,确定系统的网络结构的硬件设备的选型,在硬件设备选型时考虑系统的数据量、响应时间、系统的容错能力、系统的安全性要求(郝建青 等,2001)。

8.3.1.4 系统数据库设计

数据库结构设计在系统研发过程中占据非常关键的地位。数据库的建设分成概念数据模型设计、逻辑数据模型设计与物理数据结构设计三个阶段,其目的是达到合理的数据表结构,使数据的存取操作更为有序,数据的编辑、查询更为方便,从而实现系统数据库的建设。系统数据库的设计参照以下原则。

(1)数据库设计要达到标准化与规范化。数据结构的标准化与数据关系的规范化有助于消除冗余数据。

(2)表中数据类型的合理化。合理的数据类型有助于提升系统数据库的运行性能。

(3)数据表命名的规范化。每个关系型数据库对数据表的命名都有一定要求,在对数据表命名时利用大小写敏感的形式,而且数据表命名长度不应过长,这样能够使系统可以应用在多个不同的数据库平台。

(4)数据库性能的完善。在运行环境已经固定的因素下,数据库的性能成为影响系统运行性能的主要条件。在物理设计中开发人员要分析关联数据表的数据量大小与访问频率,并对数据表中用来关联查询的关键字段留存适当的冗余,以提升数据库的性能(王永恩 等,2014)。

8.3.2 自然资源资产负债表编制与更新系统设计

8.3.2.1 数据库设计

数据库管理系统以西藏自治区、河北省承德市以及浙江省湖州市、安吉县为案例示范区,将调查数据整理规范化后完成数据入库处理,完成基础数据库平台的搭建,根据不同数据类型分别建立了3个层次的数据库。

(1)基础数据库:包括自然资源、生态环境、社会经济、人口、基础地理5大类要素。

基础数据库提供区域资源环境与社会发展本底信息,来自国内外公开数据资源及中国科学院等部门,以空间数据为主体,包括自然资源、生态环境、社会经济、人口、基础地理、遥感影像6大类要素。基础数据库主要存储了空间数据以及和空间数据有关的属性表数据,通过ArcGIS的SDE数据库引擎,建立了基于PostgreSQL数据库的空间数据库。

(2)专题数据库:包括自然资源(土地资源、水资源、生物资源、能源资源等)和环境污染、生态破坏3大类。

专题数据库是编制自然资源资产负债表的主体数据库,直接面向自然资源核算和环境损益核算的应用需求,以相关指标体系为框架,从基础数据库和行业部门统计资料抽取。专题数据库包括数据资料、文档资料、图片资料等,通过PostgreSQL数据库管理系统的导入工具将标准化之后的数据直接导入PostgreSQL数据库中。

(3)成果数据库:包括实物量核算结果、价值量核算结果等。具体关系如图8.1所示。

成果数据库(或称为产品数据库)存储、展示自然资源资产负债表系列成果,包括总表、主表和辅表。将系统自动核算的自然资源资产实物量与价值量的核算结果数据存入专题数据库中,并可以导出数据为Excel文件。

8.3.2.2 系统设计

自然资源资产负债表编制与更新系统的设计主要包括基础数据层、业务逻辑层、业务功能层和成果输出层,主要逻辑结构如图8.2所示。

基础数据层即为数据库管理功能,包括基础数据库、专题数据库和成果数据库的管理,数据涵盖自然资源、生态环境、社会经济等;业务逻辑层主要包括模型库、代码库、通信组件、技术方法、指标体系和系统配置等;业务功能层主要包括自然资源环境

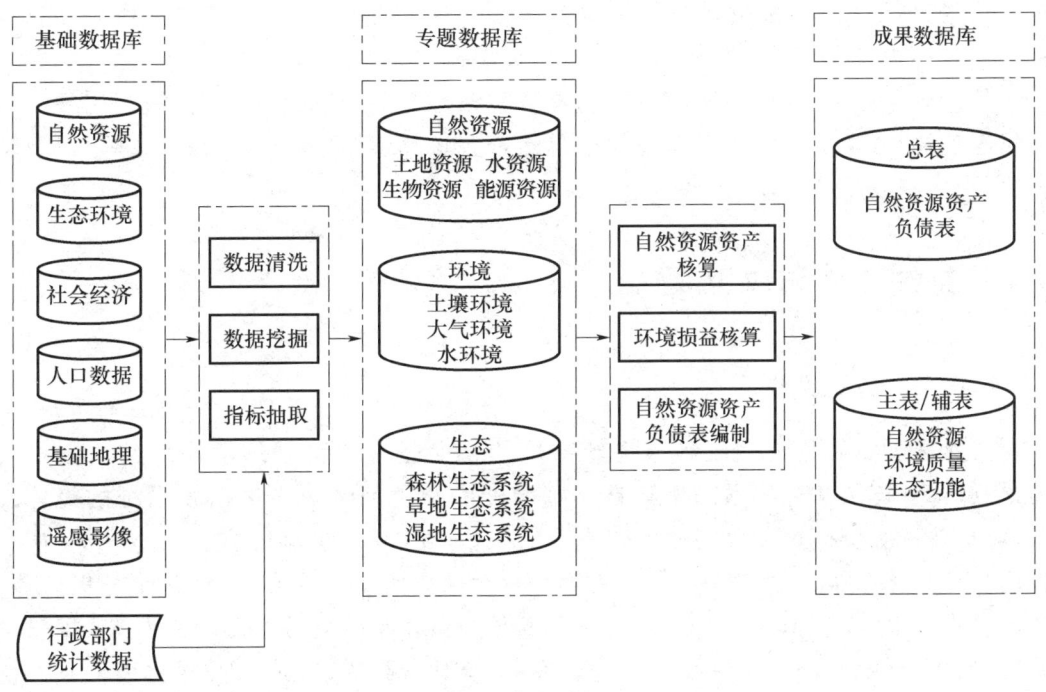

图 8.1　数据库构成及层次关系设计

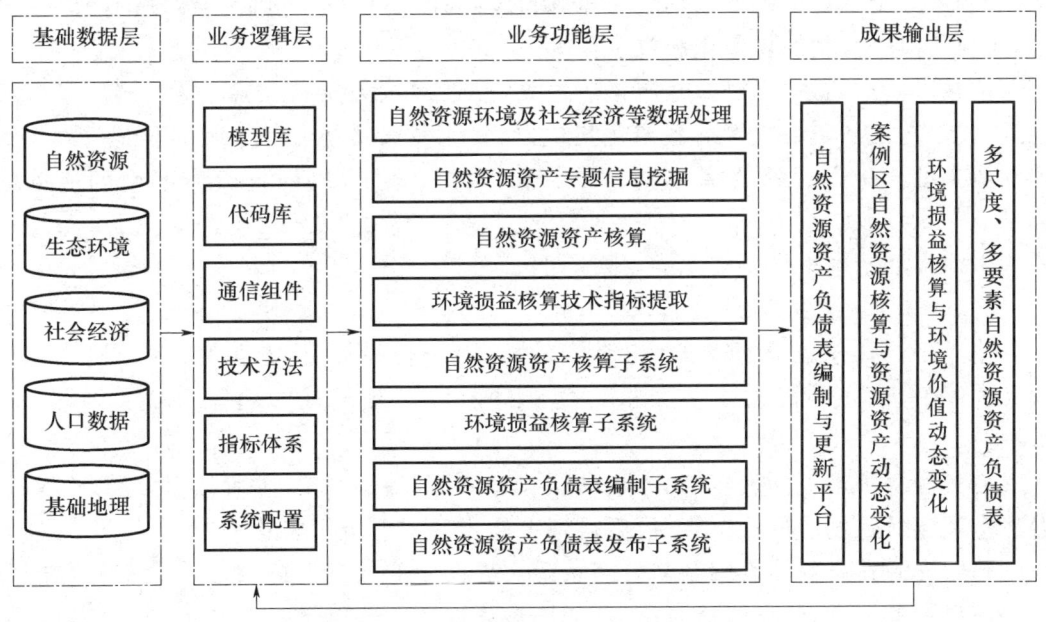

图 8.2　自然资源资产负债表系统设计

及社会经济等数据处理、自然资源资产专题信息挖掘、自然资源资产核算、环境损益核算技术指标提取、自然资源资产核算子系统、环境损益核算子系统、自然资源资产负债表编制子系统、自然资源资产负债表发布子系统；成果输出层包括多尺度和多要素自然资源资产负债表、环境损益核算与环境价值动态变化、案例区自然资源核算与资源资产动态变化以及自然资源资产负债表编制与更新平台。

基于以上分层设计,该系统主要功能应包括数据库管理功能,包含数据的展示与更新等功能;各类资源的核算功能包括自然资源核算、环境核算、生态核算等,以及辅表、主表和总表的核算功能等。

8.4 系统实现与应用

8.4.1 系统实现

自然资源资产负债表编制与更新系统的开发是本着良好的可操作性原则进行的,用科学合理的指标体系来反映自然资源资产和负债情况。根据该系统的总体设计,对自然资源资产负债表的业务化平台的架构、功能模块、流程、性能和业务化应用等进行了总体系统设计,并采用面向对象的设计方法和分层结构的设计思想,基于C/S模式以Visual Studio 2010为集成开发环境研发系统集成平台,完成了数据管理模块、通用指标计算模块、模型方法管理模块、统计分析模块、成果可视化模块及系统内外部接口等的研发,研发多模式的业务化流程,对研究成果进行系统化集成与可视化,为开展应用示范提供技术平台保障,满足不同部门与行业负债表编制的业务化需求,实现负债表编制的规范化和数字化。

从技术集成到系统研发,开展自然资源资产负债表编制与更新系统,实现了多源数据、技术方法和研究成果的系统化集成,研发了具备数据-模型-业务流程一体化管理和成果可视化表达的数字化业务平台和组件式系统,以满足政府部门的业务化需求。

下面将展示本系统所实现的主要功能。

8.4.1.1 系统主界面

主界面包括开始、数据管理、自然资源核算、环境核算、生态核算、综合核算和帮助几大菜单,满足系统需求中要求的功能并对应系统设计的功能模块。如图8.3所示。

自然资源资产负债表核算方式:从基础表提取-辅表核算-主表核算,可以分别对自然资源、环境、生态进行核算,最后得到自然资源资产负债表总表。

自然资源资产负债表编制与更新系统主界面中的数据管理对应自然资源资产负债表核算中的基础表,自然资源核算、环境核算以及生态核算对应负债表中各类辅表核算,综合核算菜单下分为自然资源综合、环境综合、生态综合和负债表综合,自然资源综合、环境综合和生态综合即各类辅表核算得到的主表,负债表综合即最终得到的总表,具体示意图如图8.4所示。

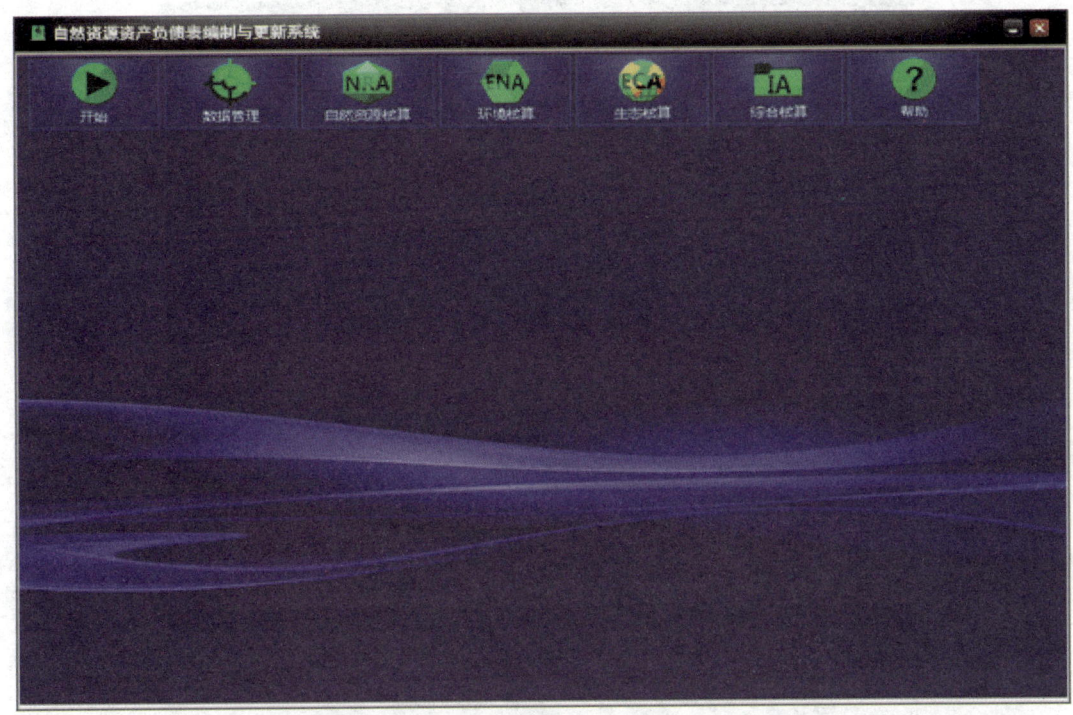

图 8.3　自然资源资产负债表编制与更新系统主界面

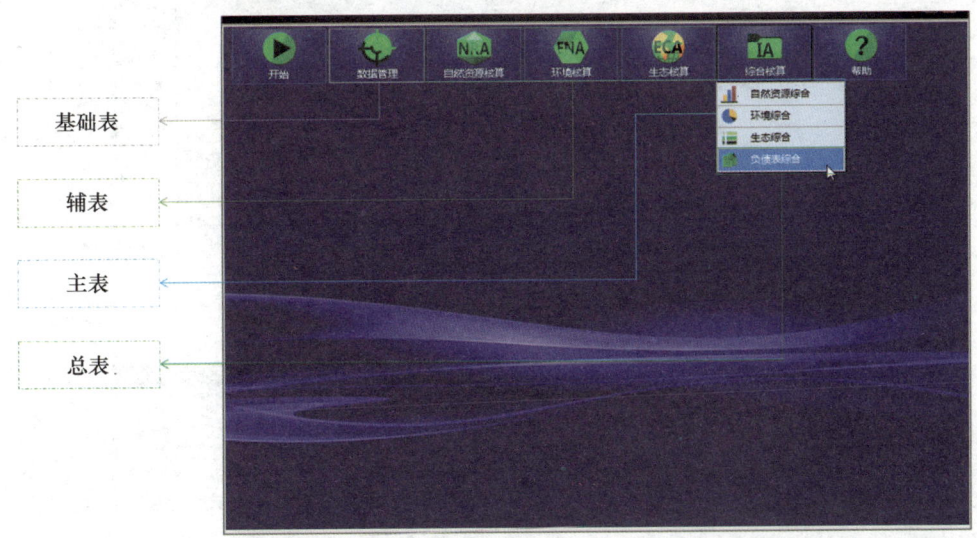

图 8.4　自然资源资产负债表编制与更新表示结构对应图

8.4.1.2　数据管理界面

数据管理菜单主要包括基础数据库、专题数据库、成果数据库三个方面的数据库,如图 8.5～8.8 所示,该模块实现了对数据的管理、更新和展示功能。

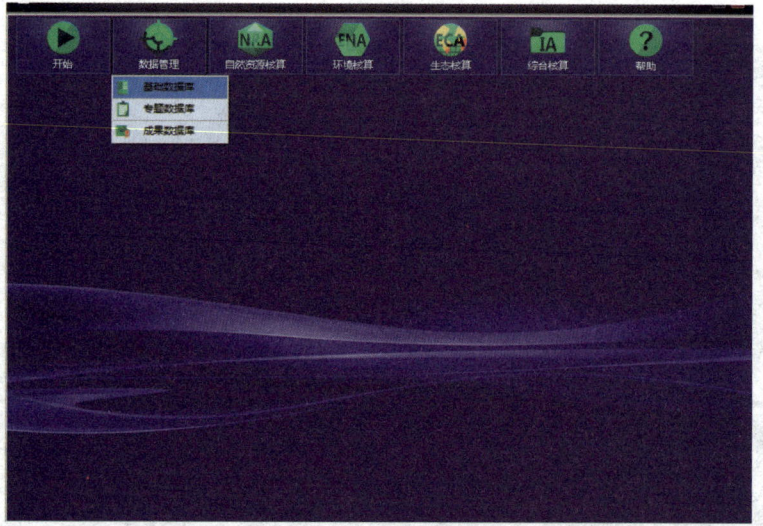

图 8.5 数据管理模块

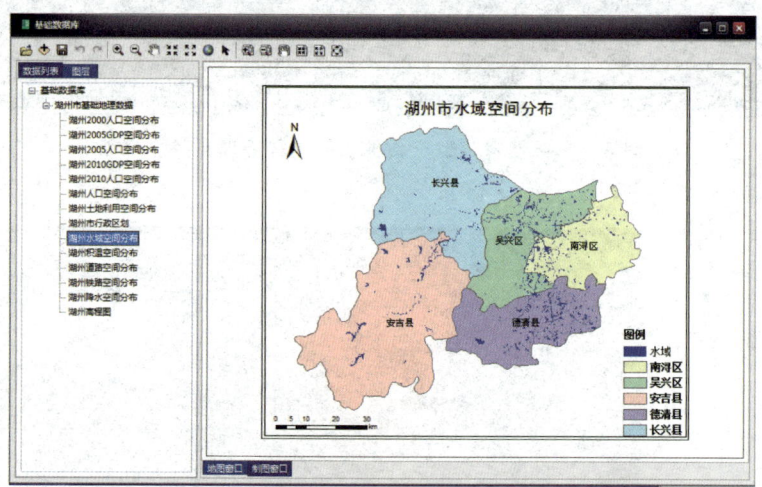

图 8.6 基础数据库管理界面（注：图中数据尚未公开，仅作展示用）

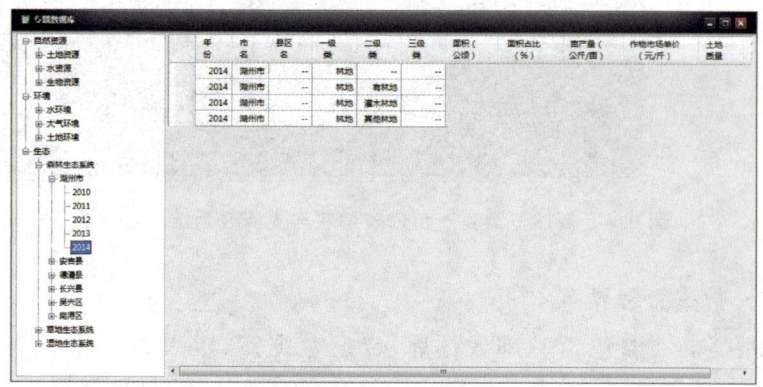

图 8.7 专题数据库管理界面（注：图中数据尚未公开，仅作展示用）

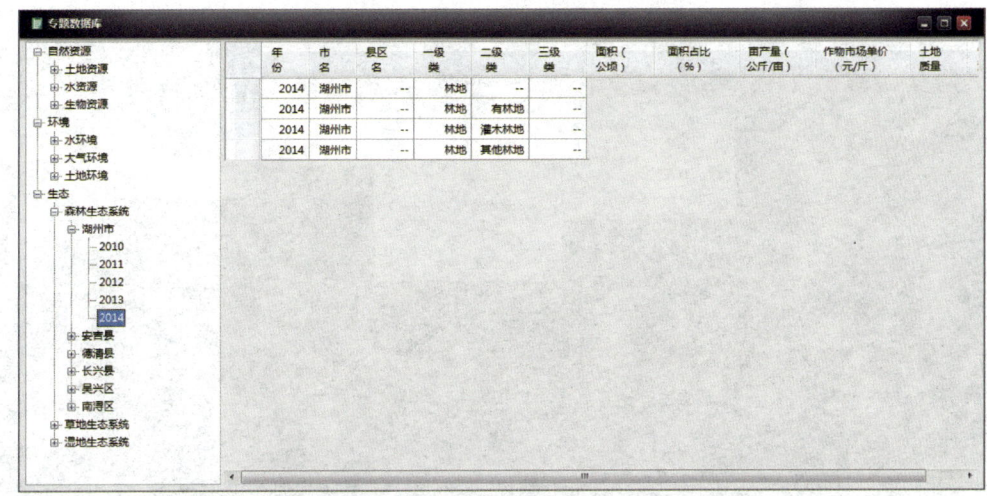

图 8.8　成果数据库管理界面（注：图中数据尚未公开，仅作展示用）

8.4.1.3　自然资源核算界面

自然资源核算包括土地资源、水资源、生物资源和自然资源综合，根据核算方式可分为存量-实物核算、存量-价值量核算、存量-存量动态变化、流量-实物核算、流量-价值量核算、流量-流量动态变化六大主要核算辅表。

下面仅展示自然资源存量-实物量核算实现方式，以土地资源为例，如图 8.9～8.12 所示。

图 8.9　主界面——自然资源核算菜单

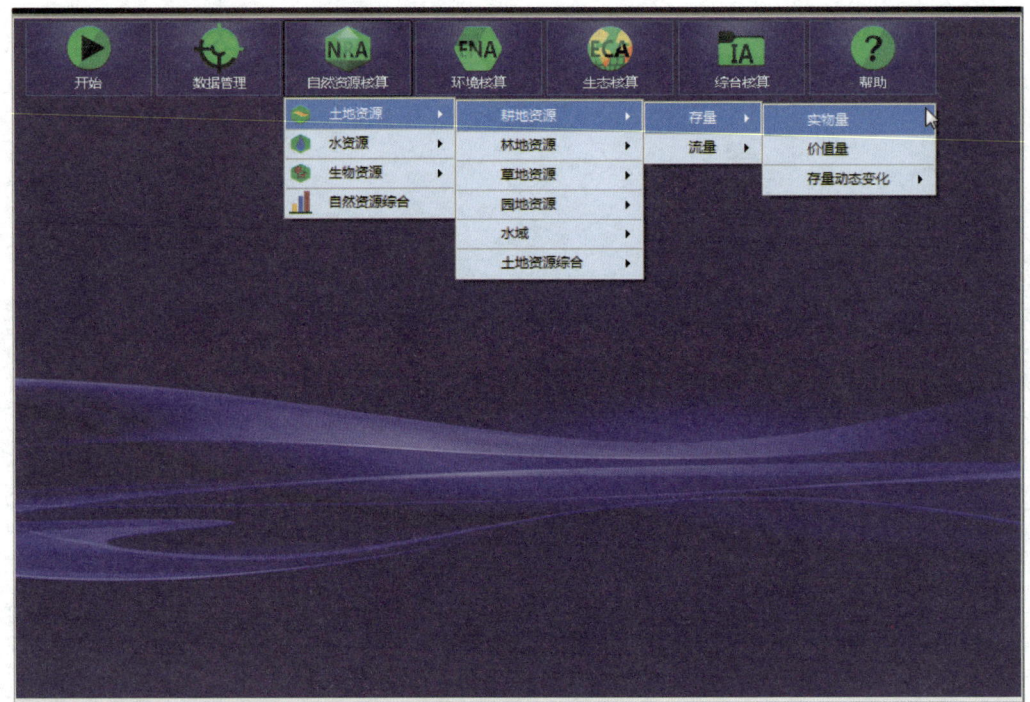

图 8.10 自然资源核算菜单——土地资源

图 8.11 耕地资源存量实物量提取界面

年份	市名	县区名	一级类	二级类	三级类	面积（公顷）	面积占比（%）	亩产量（公斤/亩）	作物市场单价（元/斤）	土地质量	备注
2010	湖州市	--	耕地	--	--						
2010	湖州市	--	耕地	水田	--						
2010	湖州市	--	耕地	水田	高产田						
2010	湖州市	--	耕地	水田	中产田						
2010	湖州市	--	耕地	水田	低产田						
2010	湖州市	--	耕地	水浇地	--						
2010	湖州市	--	耕地	水浇地	高产地						
2010	湖州市	--	耕地	水浇地	中产地						
2010	湖州市	--	耕地	水浇地	低产地						
2010	湖州市	--	耕地	旱地	--						
2010	湖州市	--	耕地	旱地	高产地						
2010	湖州市	--	耕地	旱地	中产地						
2010	湖州市	--	耕地	旱地	低产地						

| 图 8.12 耕地资源存量实物量表(注:图中数据尚未公开,仅作展示用)

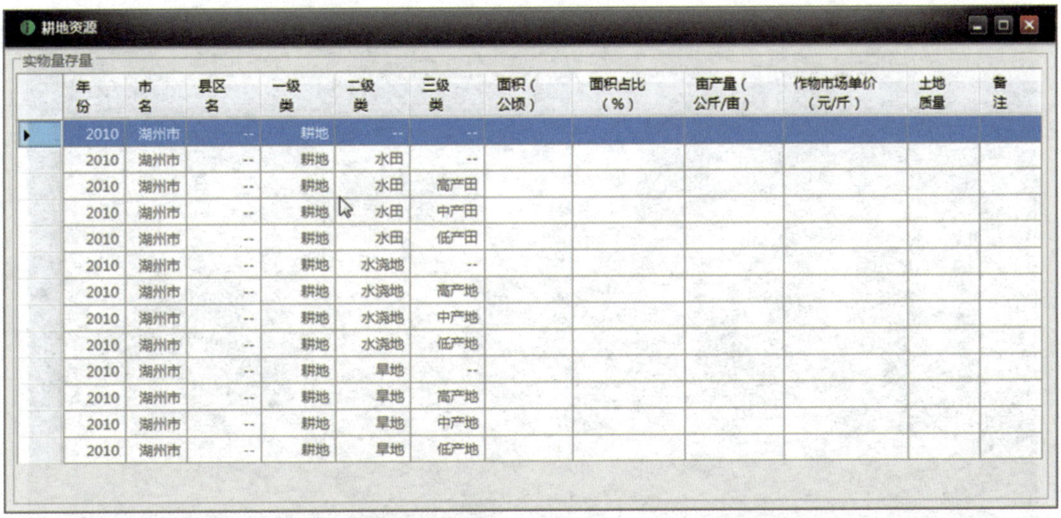

8.4.1.4 环境核算界面

环境核算包括水环境、大气环境、土地环境以及环境综合,水环境、大气环境和土地环境分为实物量和价值量的核算。

下面以水环境-实物量核算为例,展示环境核算辅表主要流程,如图 8.13～8.16 所示。

| 图 8.13 主界面——环境核算菜单

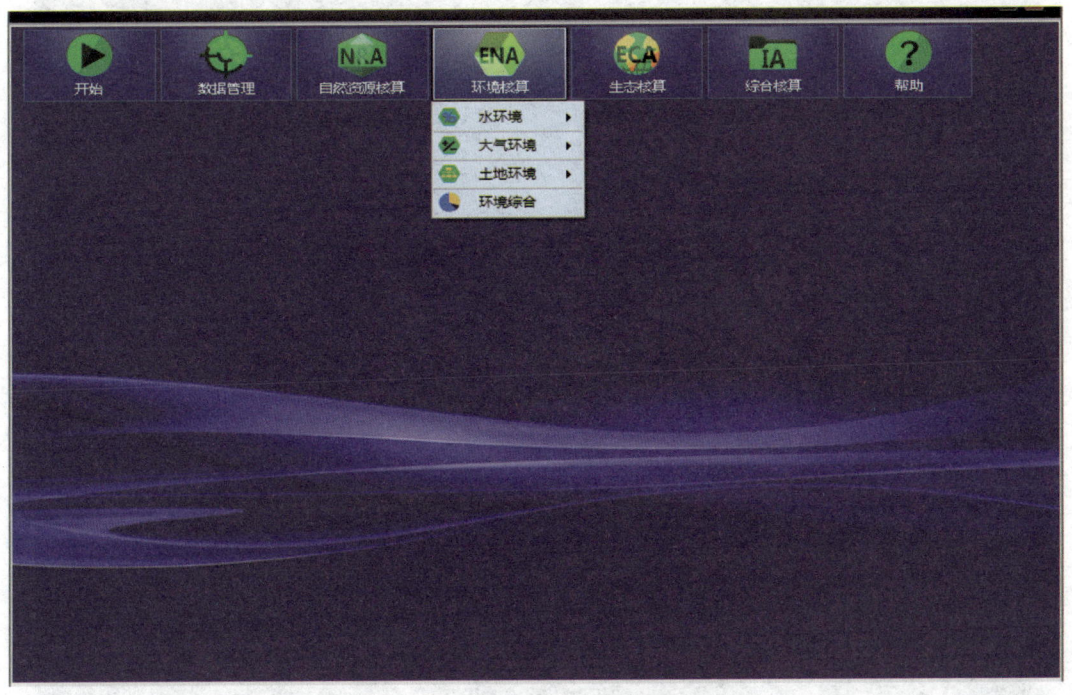

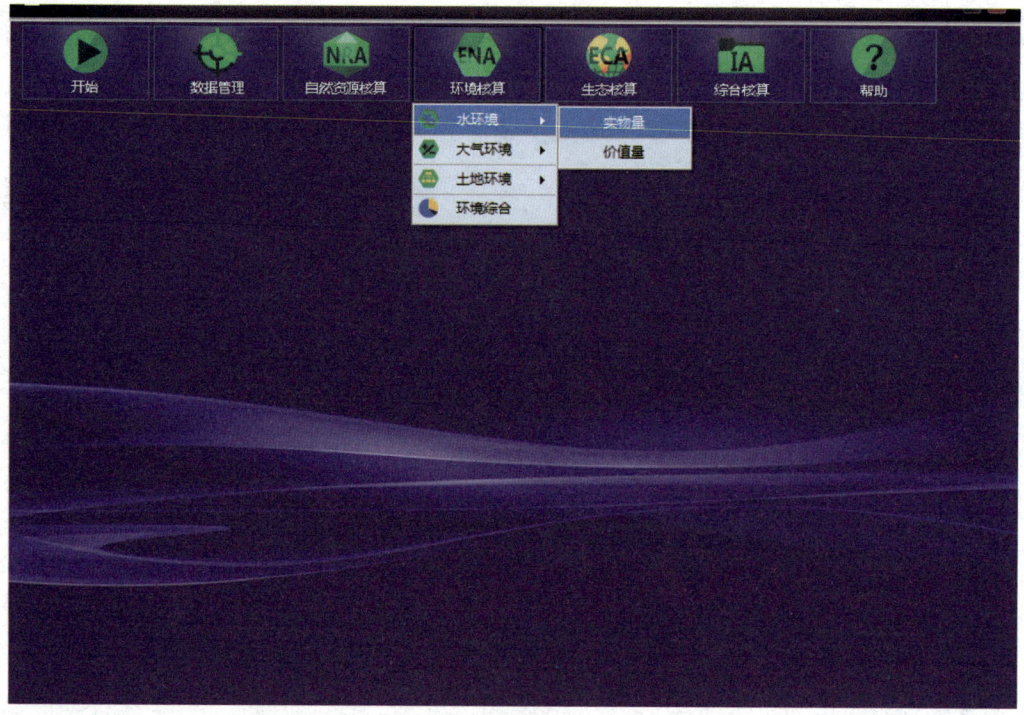

图 8.14　环境核算菜单——水环境

图 8.15　水环境存量实物量提取界面

8.16 水环境存量实物量表(注:图中数据尚未公开,仅作展示用)

8.4.1.5 生态核算界面

生态核算主要包括森林生态系统、草地生态系统、湿地生态系统和生态综合,每一类型的生态系统核算又分为实物量核算和价值量核算。图 8.17~8.20 以森林生态系统实物量核算为例,展示实现过程。

图 8.17 主界面——生态核算菜单

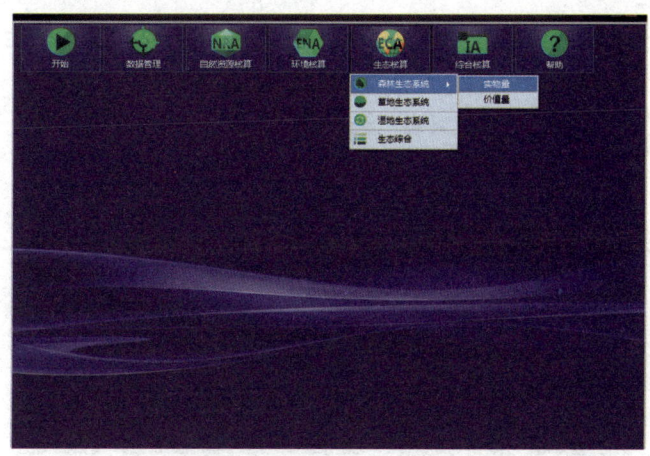

图 8.18 生态核算菜单——森林生态系统

图 8.19　森林生态系统存量实物量提取界面

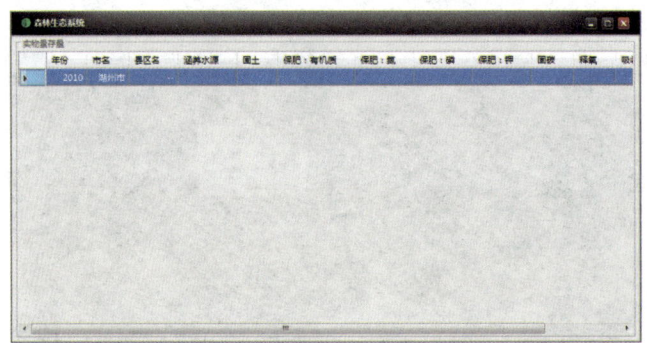

图 8.20　森林生态系统存量实物量表（注：图中数据尚未公开，仅作展示用）

8.4.1.6　综合核算

综合核算界面分为自然资源综合、环境综合、生态综合以及负债表综合。图 8.21 为综合核算界面。

图 8.21　主界面——综合核算界面

8.4.2 系统应用

本书选取了具有代表性的国家第一批生态文明先行示范区湖州市作为应用研究区,开展了自然资源资产负债表编制与更新系统的应用工作。

8.4.2.1 湖州概况

湖州市位于东经119°14′至120°29′、北纬30°22′至31°11′之间,地处浙江省北部、太湖南岸,紧邻江苏、安徽两省,现辖德清、长兴、安吉三县和吴兴、南浔两区,行政区域面积5818 km²。全市地势大致由西南向东北倾斜,东部为水乡平原,西部以山地、丘陵为主。湖州市自然资源丰富,水资源有发源于天目山南北麓的东苕溪、西苕溪等众多河流(高永年 等,2011),河流与湖泊面积达496 km²。苕溪是太湖上游的重要河流,是湖州市及其沿河居民的主要饮用水源(刘子刚 等,2011)。湖州境内覆盖着生态完好的原始森林,森林面积达2063 km²。矿藏已发现47种,以非金属矿藏为主,有煤、铁、石灰石等,与安徽省交界处的长广煤矿是浙江省内最大的原煤基地。

图8.22~8.25为湖州市2005年和2010年GDP和人口密度分布图。

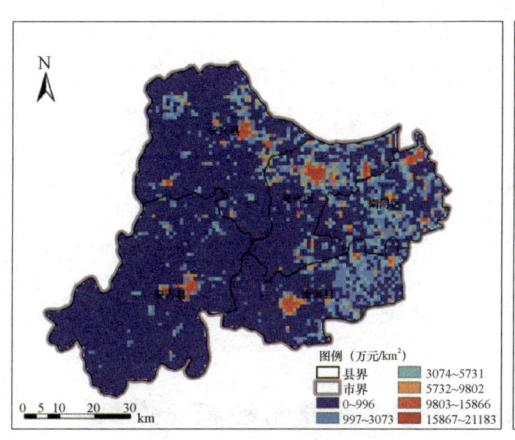

图8.22　2005年湖州市GDP分布图

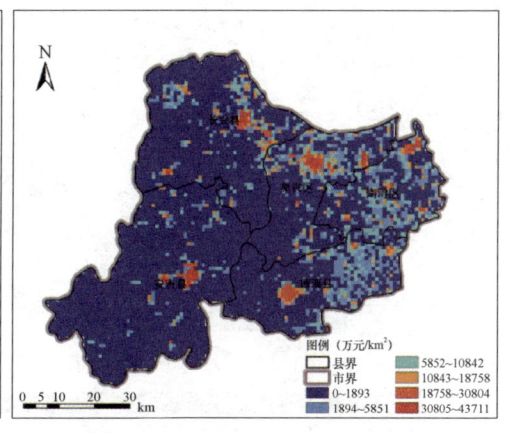

图8.23　2010年湖州市GDP分布图

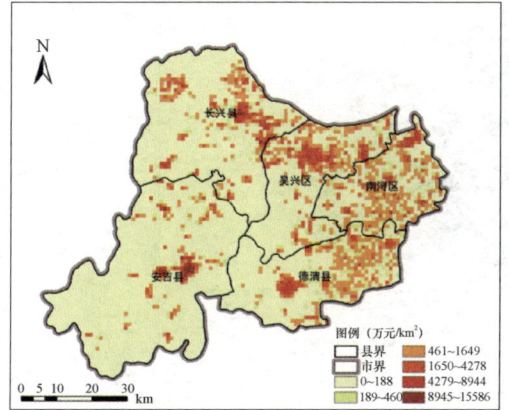

图8.24　2005年湖州市人口密度分布图

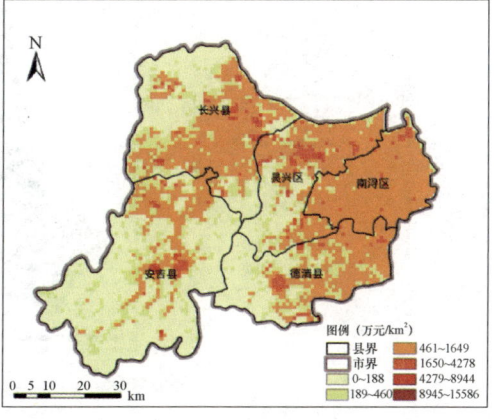

图8.25　2010年湖州市人口密度分布图

图 8.22 和图 8.23 分别为湖州市 2005 年和 2010 年 GDP 空间分布图。GDP 的空间分布情况在一定程度上反映了人口的空间分布情况,与人口的空间分布基本上呈正比,GDP 较为集中的是长兴县、安吉县、德清县和吴兴区;在南浔区 GDP 分布相对较为分散。

图 8.24 和图 8.25 分别为湖州市 2005 年和 2010 年人口密度空间分布图。从图中可以看出,人口密度较高并且分布较为集中的是长兴县、安吉县、德清县和吴兴区;在南浔区人口分布相对较为分散。2005—2010 年,人口分布变化较为明显,湖州市各地区均呈现出明显的扩张趋势,尤其是长兴县和南浔区,扩张趋势最为明显,人口密度的变化在一定程度上体现了湖州市城镇化的过程。

8.4.2.2 湖州市自然资源资产负债表编制

为了获取湖州市自然资源资产负债表编制的一手数据,分别与湖州市统计局、自然资源和规划局、水利局等 10 个部门沟通合作,取得一系列自然资源资产的原始数据。对数据的标准化处理后,对数据进行分类和重组,主要形成了 3 大类,23 个自然资源、11 个环境、28 个生态共 62 个一级指标和 70 多个二级指标,构建了 100 多张数据表,集成了近 50 个自然资源与生态环境核算模型。

系统根据收集到的湖州市自然资源数据的情况,采用底表-辅表-主表-总表的核算模式,以 2003—2013 年和 2010—2013 年为目标时段,根据系统核算方式,分别得到了 1 张自然资源资产负债表总表、6 张主表和几十张辅表,其中主表包括土地资源、水资源、森林资源的 3 张实物量表与 3 张价值量表。

本章以湖州市 2003—2013 年自然资源资产负债表编制为例进行系统应用说明。

首先,点击 ,进入"基础数据库"界面(图 8.26),可查看相应的基础地理数据和图层信息(图 8.27)。

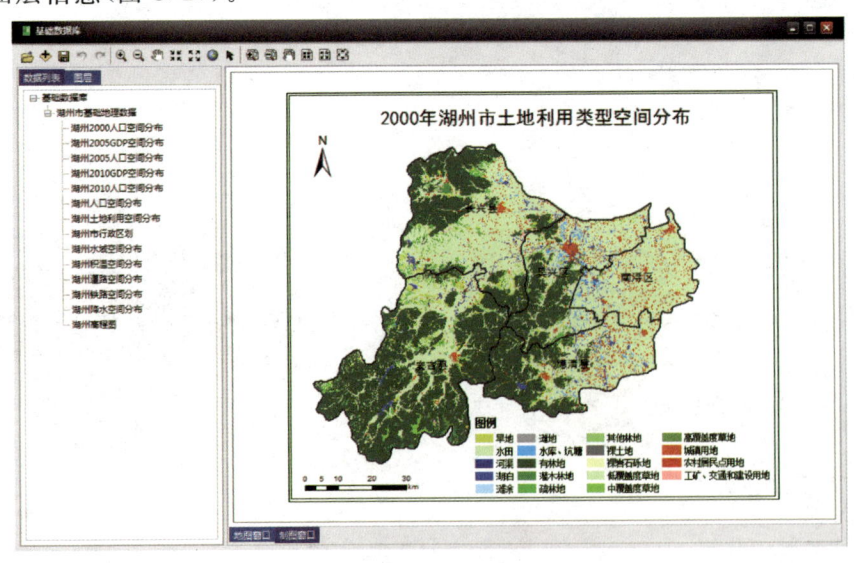

图 8.26 基础数据库界面

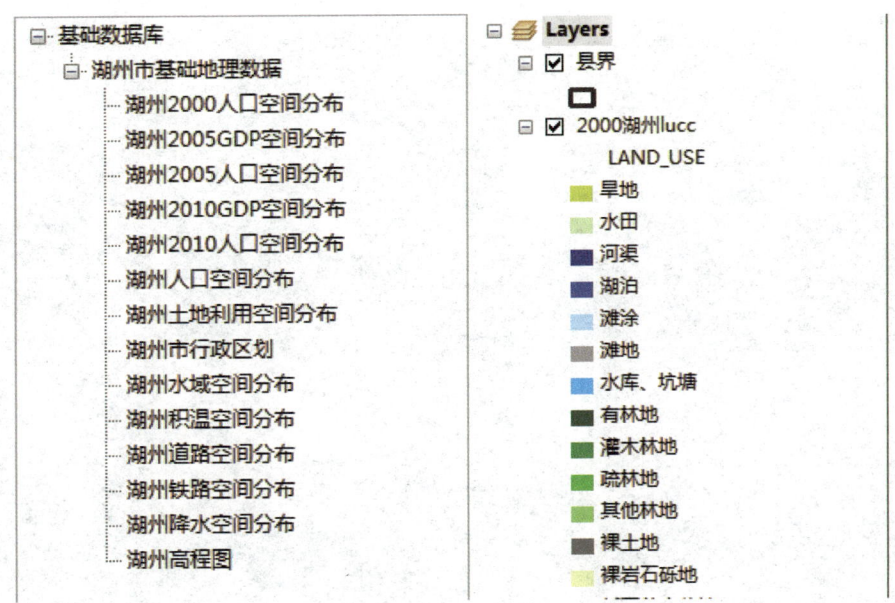

图 8.27　基础地理数据和图层信息

点击 地图窗口 ，可以切换到地图窗口（图 8.28）。点击 制图窗口 ，可以切换到制图窗口（图 8.29）。

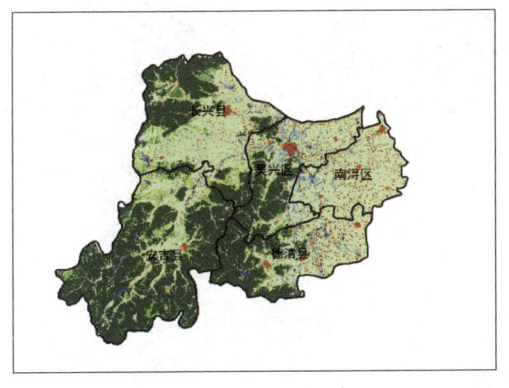

图 8.28　地图窗口

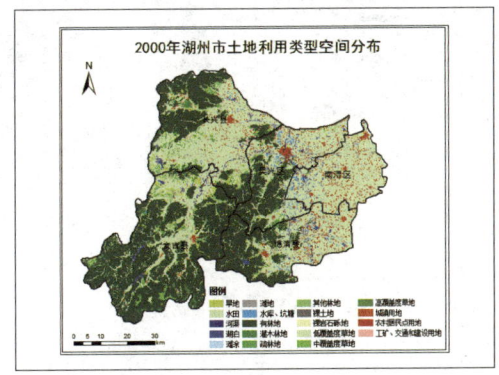

图 8.29　制图窗口

其次，进入"专题数据库"模块，专题数据库包括"资源专题库""环境专题库"和"生态专题库"，如图 8.30 所示。

三个专题的界面和功能基本一致，这里选择资源专题库进行详细介绍。双击 资源专题库 ，进入"资源专题库"界面（图 8.31）。

点击 土地资源存量 中的 图标，展开后可查看数据年份。双击 2003-2013 ，右侧空白处显示 2003—2013 年的土地资源存量数据（图 8.32）。

153

图 8.30　专题数据库界面

图 8.31　资源专题库界面

最后,点击 ![自然资源资产负债表],进入"自然资源资产负债表"模块(图 8.33)。双击左侧 2003-2013年湖州市自然资源资产负债表 选项,右侧会显示出对应的资产表和负债表(图 8.34)。点击 ![导出为Excel],可以把数据导出 Excel 表格。

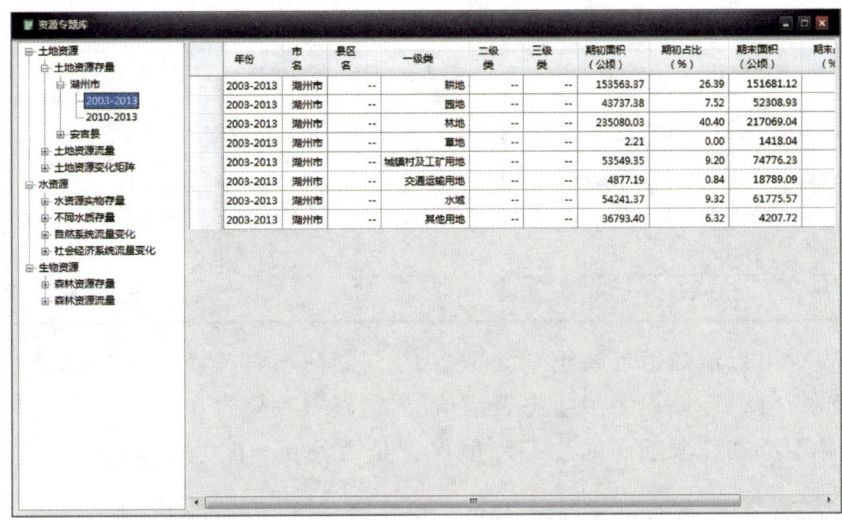

图 8.32 显示 2003—2013 年土地资源存量数据

图 8.33 进入自然资源资产负债表模块

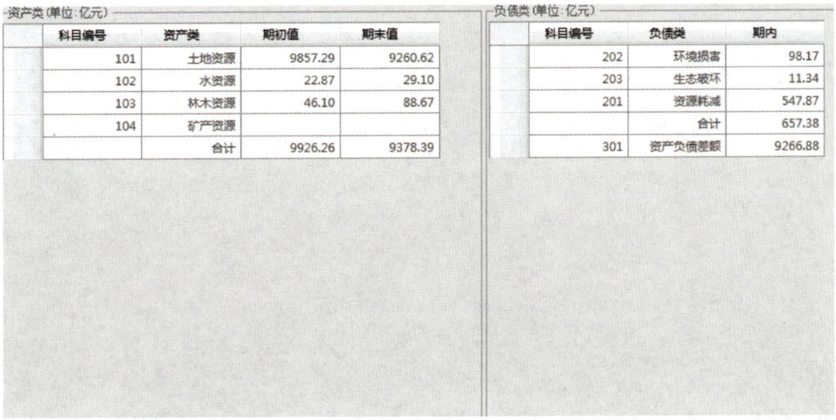

图 8.34 显示资产表和负债表

表 8.1　2003—2013 年湖州市自然资源资产负债表编制

科目编号	资产类	期初值	期末值	科目编号	负债类	期内
101	土地资源	—	—	201	资源耗减	—
102	水资源	—	—	202	环境损害	—
103	林木资源	—	—	203	生态破坏	—
	合计	—			合计	
				301	资产负债差额	

从上表中可以清晰地反映出 2003—2013 年湖州市各类资源的期初、期末的变化值，以及资源耗减、环境损害和生态破坏情况，最终得到资产负债差额，该表可以反映出政府领导干部在任职期间的生态环境保护是否到位，作为衡量领导干部离任审计的一个指标。

8.5　小结

本章主要将前面各章节涉及的技术进行集成，将计算机技术与地理信息技术进行结合，研发了自然资源资产负债表编制与更新系统。在该系统的研发过程中，首先提出了平台设计总体方案，构建平台软硬件系统，研发数据管理、模型管理等共性模块，为系统研发提供标准化的环境支持；然后对自然资源资产负债表编制与更新系统集成，包括研究发展自然资源资产负债表编制与更新系统的系统集成技术，研究建立自然资源资产负债表编制与更新系统；最后是以湖州市为例进行业务化应用。自然资源资产负债表编制与更新系统的研发实现了自然资源资产负债表编制的智能化，保障了自然资源资产负债表编制的时效性，为国家和地方政府相关业务部门提供了智能化的编制系统，同时作为领导干部离任审计的一项核算工具，是领导干部离任审计和自然资源资产负债表编制的一次革新，为后续自然资源资产负债表编制提供了较好的参考和有效的工具。

第 9 章

自然资源资产负债表编制技术的启示和发展

自然资源资产负债表编制跨越自然资源学、生态学、环境学、经济学等多学科领域，同时也涉及自然资源、生态环境、林业、水利、农业、能源等多部门的工作，其复杂性不言而喻。尽管本书在国内多年实践和多个案例研究的基础上，尝试总结了一套自然资源资产负债表编制的技术方法体系，但是自然资源资产负债表编制的探索仍然需要在实践中不断前行。本章主要介绍作者在近年来参与自然资源资产负债表编制工作中得到的一些启示，同时对自然资源资产负债表编制技术的应用和发展方向做了展望。

9.1 自然资源资产负债表编制的启示

9.1.1 关于自然资源资产负债表编制的主体

自然资源资产负债表编制首先涉及的问题就是编制主体的确认，即到底谁来编制自然资源资产负债表。结合各国自然资源核算的实践经验，可以看出，国家统计部门是大部分国家进行自然资源核算的主要部门。各国自然资源核算大多是政府主导的行为，开展自然资源的核算有助于经济社会与资源环境生态的协调发展。结合我国实际，目前我国自然资源具有公共产权属性，国家是自然资源的所有者，所以自然资源资产负债表的编制主体应该是各级政府。同时，从编制自然资源资产负债表到实现领导干部离任审计的目的出发，更加确定了应该由各级政府部门来编制。而且，自然资源种类繁多、涉及部门广泛，使得自然资源统计是一项极大的工程，因此，建议由政府统计部门牵头，各部门协调合作。对于自然保护区、生态保护区、生态林区、水源涵养区等主体功能区或者国家公园也应是自然资源资产负债表的编制主体。

9.1.2 关于自然资源资产负债表的核算范围

由于各地区自然环境禀赋的差异，在开展自然资源资产核算时，确定核算范围至关重要。根据国际上自然资源核算方面的实践经验可知，对于自然资源极度依赖的国家常常把自然资源耗减作为核算重点，另外，对于一些面临严重环境污染、生态破坏的国家,更多地把核算重点放在环境与生态核算上,如排放造成的空气、水和土壤污染等。根据我国国情,资源耗减和生态环境形势同样严峻。由此,我国自然资源资产负债表的核算范围既应包括核算区域范围内所拥有的可为经济系统应用的一切自然资源,也包括与生态环境有关的内容,如环境保护支出、污染物排放、生态系统服务功能等。

9.1.3　关于自然资源资产和负债的确认

在国家资产负债中,具有明确所有权、控制权以及效益性的资产才能纳入其中。参照国家资产负债表中资产的概念以及确认条件,结合自然资源的特征,我们认为,应对自然资源能否作为核算主体的自然资源资产加以确认,应符合自然资源的所有权或者使用权属于核算主体,以及该项资产可以在将来给核算主体带来直接或间接收益等基本标准。

国家资产负债表中负债即指金融负债,是一国或地区内所有机构单位的债务,与金融资产相对应,无实物对应项。因此,在国家资产负债表中,对于非金融资产并不存在"负债"。

有国内学者探索编制自然资源资产负债表时提出,自然资源负债是由于政府过去的决策对自然资源过度开发导致现有的自然资源的净损失或净牺牲,是恢复原有生态的价值补偿。基于上述负债的定义以及自然资源的特征,我们认为自然资源资产负债是由于核算主体以往的经营活动、意外事故或预期可能发生的事项导致自然资源的净损失,以及对环境、生态造成的影响,是核算主体未来将要发生的支出。

9.1.4　关于自然资源资产负债表的表达形式

由国家资产负债表的分析可以看出,国家资产负债表中主栏为资产与负债项目及其差额,宾栏是国民经济各部门及加总。在国家资产负债表中,由于经济体中的机构单位众多,难以辨别投入生产中经济资源的具体归属,所以不存在"所有者权益"的概念,只能通过"资产负债差额"计算"净资产"实现平衡关系。我国自然资源属于国家或者集体所有,但目前法律上国有自然资源产权仍然缺乏明确的主体代表,尚未对国土空间内的自然资源所有权确定清楚。因此,我们可以参照国家资产负债表的形式,自然资源资产负债表中主栏列示"自然资源资产""自然资源负债"以及"自然资源资产负债差额"三项,每一项可细划分更小级别。同时,自然资源资产负债表也可以参考遵循类似于国家资产负债表中"资产=负债+净资产"的恒等关系。

9.1.5　关于自然资源资产的核算方法

各国在自然资源资产核算时,力求各级部门在估价方法上实现统一,对于存在市场交易的资产采用市场法,对于未进入市场上交易的资产采取间接估值。核算过程中,主要遵循所有权原则、记录时间原则和估价原则。另外,SNA还规定核算期间由于价格波动引起的资产变动,应该进行资产的重估价。无论是从理论还是实践角度,资产和负债的估值都是自然资源资产负债表编制的难点。根据各国资产负债表中的自然资源资产估值的经验,我们在编制自然资源资产负债表时,就其中有交易市场的自然资源宜采用市场价格法,否则采用间接估值法。不同于国家资产负债表只对自然资源进行价值量核算,自然资源资产负债表中实物核算是基础,价值核算便于进行横向对比,因此需要对自然资源资产进行实物量和价值量双重核算,当然对于目前技术条件下尚不能够价值化的自然资源资产,我们可以只对其进行实物量核算,并以附属表的形式披露于自然资源资产负债表当中。

9.1.6 自然资源资产负债表编制的难点问题

从国内外自然资源核算进展来看,编制自然资源资产负债表有诸多问题需要解决。第一,目前,国内外一般采用账户的形式,全面记录当期自然资源资产的存量及其变动情况,以反映自然资源资产的变化,但核算大多进行的是自然资源资产项的统计,如何去定义负债项,需要深入研究和探讨;第二,大多数国家自然资源资产的核算是在产权基本清晰的前提下进行的,因此,在自然资源资产负债表的编制过程中,开展自然资源资产统一确权登记成为迫切需要解决的基础性工作;第三,各种核算体系对于资源和资产的认定不尽一致,各种资源核算的完善程度也不一致。我国自然资源种类繁多,如何确定一个统一适用的自然资源分类体系需要积极实践和探索。同时,并非所有的自然资源都能成为资产。例如,在当前技术条件下无法开采的自然资源是否确认为自然资源资产,流动性和公共性的自然资源如何纳入区域自然资源核算范畴,等等;第四,纵观国内外自然资源核算方面的实践,目前尚没有一个统一的自然资源价值化方法体系,即使同时采用实物估值和价值估值两种方式,也很难达到一种平衡的效果,价值化方法是自然资源资产负债表编制的难点。

9.1.7 自然资源资产负债表编制的路径

从国内外自然资源核算的经验来看,自然资源资产负债表的编制是一项复杂的系统工程,应该遵循"先试点、再推广"的编制模式,以及"先实物后价值、先存量后流量、先分类后综合"的编制路径。同时注意加强基础数据收集、技术方法优化等工作。

首先,实物核算是价值核算的基础,价值核算是目标。鉴于我国资源环境统计资料的缺失,加上自然资源资产的估价方法的争议性以及我国自然资源产权制度和交易制度的不完整,应优先建立自然资源资产实物账户,在保证指标体系科学性以及数据完整的前提下,在典型区域试算价值账户,并根据实情不断完善自然资源资产负债表价值量核算体系;其次,存量核算反映的是某个时点自然资源资产的状况,流量核算是对核算期内自然资源的动态变化进行统计。两者之间相互联系,亦可相互转化。但流量核算涉及部门众多,目前尚不能实现对每一类资源在整个国民经济体系中从投入到产出完整链条的定量计量。因此,自然资源资产负债表的编制可以先存量、后流量,优先编制自然资源资产存量表;最后,自然资源综合核算可以反映区域自然资源资产总量的整体变化情况,亦可反映出资源利用的综合效率情况。但区域自然资源资产包含的范围十分广泛,而且其中相当一部分自然资源资产核算的理论基础与核算方法尚无公认的标准,基础数据资料也难以获取。因此,建议优先分门别类建立自然资源资产账户,开展自然资源资产的分类核算,在此基础上,进行区域自然资源资产综合核算、建立区域自然资源资产负债表。

自然资源资产负债表的编制是一项巨大的系统工程,涉及内容多且复杂,在具体的应用过程中要注意以下问题。

(1)数据方面。由于编制自然资源负债表时,要求统一各类自然资源核算期,以综合反映区域自然资源资产负债的整体情况。在各类型资源负债的核算中难免出现问题数据,例如,由于技术的改进与精度的提高使年际间数据不能完全衔接吻合,甚至土壤污染数据、矿产资源环境损害数据、土地资源过耗的政策红线或者自然边界的缺失等。因此,在核算时数据的可获取性、连续性和一致性等因素是必须要考虑的问题。

(2)价值化方法。目前国内外开展的绿色GDP、国家资产负债表以及环境经济核算,已有的核算对象多为可商品化的自然资源,可直接或间接采用市场价格法来进行估算。在对自然资源进行核算时如何准确计量自然资源的存储数据,尤其是价值数据的确认,避免人为或者自然因素干扰,是普遍面对的难点。一般而言,具有市场交易的自然资源,可直接采用市场价格进行核算;在不具备成熟市场交易的情况下,可采用间接方法进行估算,如采用水资源价值模糊数学法模拟得出了水资源价格。不同资源因资源禀赋差异而采用不同的价值化方法,即使是同种资源也会因地域差异以及数据的可获取性而采取不同的价值化方法,这些价值化方法各有优缺点,对统计数据的要求也不尽一致,最终资源环境价值量的计量结果也会有所差异。鉴于目前自然资源相关基础统计数据的完备情况以及价值化体系的不完善,自然资源编制本身还面临着巨大的挑战,因此,在进行价值化时,需要更多、更翔实的样本数据以及更加完善成熟的价值化体系。

(3)核算内容。由于自然资源种类繁多、信息复杂,自然资源分类尚不统一,加上资源资产价值化的难度,仍没有一个国际组织就全部资源资产、全部资源耗减成本和全部环境损失代价计算出资源资产、负债与权益。现在广受认可的做法是对部分能够货币化的资源进行核算,并将资源耗减、环境损害以及生态破坏纳入自然资源负债范畴。在实际操作中要结合当地自然资源禀赋和数据情况,在现有技术与理论水平的基础上对主要自然资源资产与负债进行核算。

9.2 自然资源资产负债表编制技术的应用方向

探索编制自然资源资产负债表,对于加强和完善资源管理,推进经济建设、生态文明建设和可持续发展具有十分重要的意义,是国家和地区自然资源资产管理的重要内容。与以往的资产负债表有所区别,自然资源资产负债表要在特定的时代背景下充分发挥其"功能性"。

通过编制自然资源资产负债表,一是可以摸清编制主体自然资源资产的存量,即一个国家或地区某一时点所有自然资源资产总量,对核算区域自然资源的数量、质量以及价值量有全面的了解,为政府科学管理自然资源提供数据基础。其中质量状况的记录能为管理者提供更全面的信息,自然资源的流量、存量状况能系统反映社会发展中的资源增减、环境损益。通过编制自然资源资产负债表,客观核算自然资源实物量和价值量,有利于编制主体从宏观上摸清自然资源家底,掌握自然资源变化规律。

二是能够量化负债,厘清自然资源资产变动情况,以全面记录当期各主体对自然资源资产的占用、使用、消耗、恢复和增值活动,评估当期自然资源资产实物量和价值量的存量和流量变化,实现对经济社会发展过程中的自然资源消耗及环境损害进行动态监测,探索区域自然资源变化原因以及与社会经济活动的关联性,客观评估当前的资源利用是否超过其本身的自我更新能力,是否有政策红线过耗和超过最大阈值,是否形成了资源过耗、环境损害和生态破坏等负债。

三是为领导干部离任审计和绩效考核提供依据。自然资源资产负债表实质上是为政府管理工作服务的功能性报表,明确自然资源资产所有者权益和管理者责任,进而建立相关制度体系,为全面落实领导干部自然资源资产和环境责任离任审计提供量化依据和决策参考。以确保生态文明建设与经济建设、政治建设、文化建设和社会建设协调发展。目前,自然资源资产负债表编制处于试编阶段,对于如何将负债表核算的结果与离任审计联系起来仍需要大胆探索。

四是为资源管理和政策调整提供重要参考。自然资源资产负债表综合反映了自然资源的变化过程,使管理部门更准确地掌握资源情况,在自然资源的利用方面形成倒逼机制,起到"事前预警、事中提醒、事后评价"的作用。此外,可以通过自然资源资产负债表来调整自然资源的供需,使其达到供需平衡状态,为我国生态文明建设和可持续发展提供坚实基础。

9.3 自然资源资产负债表编制技术的发展方向

一是加强统计监测。自然资源资产负债表的编制涉及统计、国土、环保、林业、水利、农业等多部门,信息量巨大。准确计量、全面客观的资源环境统计数据是自然资源资产负债表编制的重要基础。当前,自然资源资产负债表的编制过程中面临资源环境统计监测力量相对薄弱、统计监测制度和评价体系不完善、统计监测信息缺乏整合、统计监测数据质量有待提高等问题。因此,为奠定编制自然资源资产负债表的良好数据基础,一方面,可尝试利用卫星遥感等多种技术手段加强监测能力、扩大资源环境数据来源;另一方面,须加强对资源环境的统计监测能力建设,加大各级政府对于统计监测等基础能力建设设施的资金投入,根据实际情况,建立集数据监测、收集和统计处理于一体的资源数据统计监测体系。

二是完善方法体系。自然资源资产价值化方法是国内外学界面临的普遍难题,价值化方法的不完善、不成熟,使得自然资源实物量核算到价值量核算的通道并未完全打通,由此将直接影响到自然资源资产负债表的编制应用与资源环境生态的绩效考核。未来,宜结合核算主体的实际情况,尝试制定一套可供选择的价值化方法集,形成科学、统一、标准、相对成熟的自然资源资产负债核算体系,并由相关部门推广应用,通过典型示范区的实践应用,带动统计工作的规范、统计数据指标体系与价值化体系的完善。

三是建立信息系统。自然资源资产负债表的编制涉及信息量巨大。为了规范、科学、高效地反映一定时期核算主体自然资源资产的变化情况及其对生态环境的影响,可以在已有自然资源资产负债表编制与应用数据库基础之上,通过建立规范化、标准化的自然资源信息平台,集成一套规范的自然资源资产估值模型和生态环境损益估值模型体系;建立集信息录入与处理、数据更新与存储、自然资源资产与生态环境损益核算于一体的自然资源资产负债表编制与更新的信息系统,推动实现自然资源资产负债表的可复制、可推广、可应用。

参考文献

陈艳利,弓锐,赵红云,2015.自然资源资产负债表编制:理论基础、关键概念、框架设计[J].会计研究,335(9):18-26.

陈仲新,张新时,2000.中国生态系统效益的价值[J].科学通报(01):17-22,113.

戴维·皮尔斯,1996.世界无末日——经济学、环境与可持续发展[M].张世秋译.北京:中国财政经济出版社.

封志明,杨艳昭,陈玥,2015.国家资产负债表研究进展及其对自然资源资产负债表编制的启示[J].资源科学,37(9):1685-1691.

封志明,杨艳昭,江东,等,2016.自然资源资产负债表编制与资源环境承载力评价[J].生态学报,36(22):7140-7145.

封志明,杨艳昭,李鹏,2014.从自然资源核算到自然资源资产负债表编制[J].中国科学院院刊,29(4):449-456.

封志明,杨艳昭,闫慧敏,等,2017.自然资源资产负债表编制的若干基本问题[J].资源科学,39(9):3-15.

冯喆,高江波,马国霞,等,2015.区域尺度环境污染实物量核算体系设计与应用[J].资源科学,37(9):1700-1708.

高敏雪,2016.扩展的自然资源核算——以自然资源资产负债表为重点[J].统计研究,33(1):4-12.

高阳,高江波,潘韬,等,2017.海洋资源资产负债表编制探索[J].国土资源科技管理,34(2):86-94.

高映轸,1995.土地商品化的理论出路[J].中国房地产(08):5-9.

高永年,高俊峰,韩文权,2011.基于生态安全格局的湖州市城乡建设用地空间管制分区[J].长江流域资源与环境,20(12):1446-1453.

耿建新,胡天雨,刘祝君,2015.我国国家资产负债表与自然资源资产负债表的编制与运用初探——以SNA2008和SEEA2012为线索的分析[J].会计研究,1:15-24.

郝建青,张仲义,2001.信息系统需求分析方法研究[J].管理工程学报,15(2):35-39.

胡文龙,史丹,2015.中国自然资源资产负债表框架体系研究——以SEEA2012,SNA2008和国家资产负债表为基础的一种思路[J].中国人口·资源与环境,25(8):1-9.

黄溶冰,赵谦,2015.自然资源资产负债表编制与审计的探讨[J].审计研究,1:37-43.

黄淑玲,2007.福利经济学述评[J].沈阳工程学院学报(社会科学版)(04):522-524.

季曦,刘洋轩,2016.矿产资源资产负债表编制技术框架初探[J].中国人口·资源与环境,26(3):100-108.

江东,卓君,付晶莹,等,2015.面向自然资源资产负债表编制的时空数据库建设[J].资源科学,39(9):1692-1699.

孔繁文,何乃蕙,1993.森林资源核算与国民经济核算体系[M].北京:人民中国出版社.

雷仲篪,1994.土地的"全商品论"[J].中国房地产(10):11-13.
李金华,2016.论中国自然资源资产负债表编制的方法[J].财经问题研究,7:3-11.
李清彬,2015.自然资源资产负债表初探[J].中国经贸导刊(18):47-50.
李伟,陈珂,胡玉可,2015.对自然资源资产负债表的若干思考[J].农村经济,6:29-30.
李莹,陶元磊,2017.自然资源资产负债表编制探讨[J].淮北师范大学学报(哲学社会科学版),38(5):36-40.
李子义,2015.数据库应用需求分析[J].电子技术与软件工程(4):197-197.
刘书楷,1995.马克思劳动价值观与西方非劳动价值观土地价值与价格理论[J].中国土地科学(06):6-10.
刘思旋,崔琳,2015.如何编制自然资源资产负债表?——基于资源与环境核算的角度[J].财经理论研究,2:91-97.
刘友华,1996.一种面向对象的系统需求分析方法[J].计算机应用(6):24-26.
刘子刚,郑瑜,2011.基于生态足迹法的区域水生态承载力研究——以浙江省湖州市为例[J].资源科学,33(6):1083-1088.
商思争,2016.海洋自然资源资产负债表编制探微[J].财会月刊,20:32-37.
孙鸿烈,2000.中国资源科学百科全书[M].北京:中国大百科全书出版社.
王法山,2010.通运物流管理系统的设计与实现[D].北京:北京邮电大学.
王金南,蒋洪强,曹东,等,2009.绿色国民经济核算[M].北京:中国环境科学出版社.
王瑞雪,陈银蓉,2005.国内外耕地资源价值研究综述[J].中国农业资源与区划(3):49-53.
王姝娥,程文琪,2014.自然资源资产负债表探讨[J].现代工业经济和信息化,4(9):15-17.
王爽,马又良,刘洋,2015.信息系统需求分析流程与方法[J].邮电设计技术(12):6-11.
王小明,冯德民,2001.信息系统需求分析的面向对象层次分析方法及应用[J].计算机工程与应用,37(3):67-68.
王永恩,常涛,刘轶,等,2014.OPC技术在WINCC与组态王通讯中的应用[J].自动化技术与应用,33(5):90-93.
文庭孝,杨忠,刘晓英,2015.专利信息可视化分析系统设计与实现的需求分析和设计思路[J].情报理论与实践,38(3):6-10.
肖序,王玉,周志方,2015.自然资源资产负债表编制框架研究[J].会计之友,19:21-29.
谢高地,张彩霞,张雷明,等,2015.基于单位面积价值当量因子的生态系统服务价值化方法改进[J].自然资源学报,30(8):1243-1254.
薛智超,闫慧敏,杨艳昭,等,2015.自然资源资产负债表编制中土地资源核算体系设计与实证[J].资源科学,39(9):1725-1731.
杨勇,邓祥征,李志慧,等,2017.2000—2015年华北平原土地利用变化对粮食生产效率的影响[J].地理研究,36(11):2171-2183.
殷人昆,郑人杰,马素霞,2010.实用软件工程:软件工程[M].北京:清华大学出版社.
尹晓雷,于明,支秀玲,2010.公安派出所综合信息管理系统设计与实现[J].信息技术与信息化(2):87-92.
於方,王金南,曹东,等,2009.中国环境经济核算技术指南[M].北京:中国环境科学出版社.
张世民,2006.信息系统开发方法比较[J].电脑知识与技术:学术交流(14):30-31.
UN,1993. Handbook of national accounting: Integrated Environment and Economic Accounting 1993 (SEEA 1993)[R]. http://unstats.un.org/unsd/publication/SeriesF/SeriesF_61C.pdf.

UN,2003. Handbook of national accounting:Integrated Environmental and Economic Accounting 2003 (SEEA 2003)[R]. http://unstats. un. org/unsd/envaccounting/seea2003. pdf.

UN,2012. System of environmental-economic accounting Central framework:White cover publications[R]. http://unstats. un. org/unsd/envaccounting/White_cover. pdf.

UN,EU,FAO,et al,2014. System of Environmental-Economic Accounting 2012:Central Framework[R]. New York:United Nations,378.

附　录

附录 A　自然资源分类体系

以自然资源的属性与用途为主要依据,列出自然资源综合分类系统(表中仅列出三级的资源分类,有很多三级资源还可进行第四级或第五级分类)。

附表 A.1　自然资源综合分类系统

一级	二级	三级
陆地自然资源系列	土地资源	耕地资源
		草地资源
		林地资源
		荒地资源
	水资源	地表水资源
		地下水资源
		冰雪资源
	气候资源	光能资源
		热能资源
		水分资源
		风力资源
		空气资源
	生物资源	植物资源
		动物资源
		微生物资源
	矿产资源	金属矿资源
		非金属矿资源
		能源资源

续表

一级	二级	三级
海洋自然资源系列	海洋生物资源	海洋植物资源
		海洋动物资源
		海洋浮游生物资源
	海水资源 （或海水化学资源）	
	海洋气候资源	
	海洋矿产资源	深海海底矿产资源
		滨海砂矿资源
		海洋能源资源
	海底资源	
太空（宇宙）自然资源系列		

注：摘自《中国资源科学百科全书》（孙鸿烈 等，2000）

附录 B　环境污染分类体系

按环境要素分，环境污染可分为：大气污染、水体污染、土壤污染、噪（音）声污染、农药污染、辐射污染、热污染。

按属性分，环境污染可分为：显性污染，隐性污染；

按人类活动分，环境污染可分为：工业环境污染、城市环境污染、农业环境污染。

按造成环境污染的性质来源分，环境污染可分为：化学污染、生物污染、物理污染（噪声污染、放射性污染、电磁波污染等）、固体废物污染、液体废物污染、能源污染。

附录 C　生态系统分类体系

根据中国科学院生态环境研究中心"中国生态系统评估与生态安全数据库"（http://www.ecosystem.csdb.cn/），生态系统分类系统采用6级分类单位：

① 生态系统型：如陆地生态系统、海洋生态系统；
② 生态系统纲：如森林生态系统、草地生态系统，其分类代码见附表C.1；
③ 生态系统目：如针叶林生态系统；
④ 生态系统科：如寒温带和温带山地针叶林生态系统；
⑤ 生态系统属：如落叶松林；
⑥ 生态系统丛：如兴安落叶松林。

附表 C.1 生态系统纲的分类代码

代码	生态系统纲	说明
01	森林生态系统	
02	灌丛生态系统	
03	草地生态系统	
04	荒漠生态系统	
05	湿地生态系统	包括陆地河流、湖泊和水库等各类咸淡水体
06	农田生态系统	
07	城市生态系统	

附录 D 土地资源分类标准

土地资源分类标准采用第二次全国土地调查土地分类,见附表 D.1。

附表 D.1 第二次全国土地调查土地分类

一级类		二级类		含义
编码	名称	编码	名称	
01	耕地			指种植农作物的土地,包括熟地,新开发、复垦、整理地、休闲地(含轮歇地、轮作地);以种植农作物(含蔬菜)为主,间有零星果树、桑树或其他树木的土地;平均每年能保证收获一季的已垦滩地和海涂。耕地中包括南方宽度<1.0 m,北方宽度<2.0 m固定的沟、渠、路和地坎(埂);临时种植药材、草皮、花卉、苗木等的耕地,以及其他临时改变用途的耕地。
		011	水田	指用于种植水稻、莲藕等水生农作物的耕地。包括实行水生、旱生农作物轮种的耕地。
		012	水浇地	指有水源保证和灌溉设施,在一般年景能正常灌溉,种植旱生农作物的耕地。包括种植蔬菜等的非工厂化的大棚用地。
		013	旱地	指无灌溉设施,主要靠天然降水种植旱生农作物的耕地,包括没有灌溉设施,仅靠引洪淤灌的耕地。
02	园地			指种植以采集果、叶、根、茎、汁等为主的集约经营的多年生木本和草本作物,覆盖度大于50%或每亩株数大于合理株数70%的土地。包括用于育苗的土地。
		021	果园	指种植果树的园地。
		022	茶园	指种植茶树的园地。
		023	其他园地	指种植桑树、橡胶、可可、咖啡、油棕、胡椒、药材等其他多年生作物的园地。
03	林地			指生长乔木、竹类、灌木的土地,以及沿海生长红树林的土地。包括迹地,不包括居民点内部的绿化林木用地,铁路、公路征地范围内的林木,以及河流、沟渠的护堤林。

续表

一级类		二级类		含义
编码	名称	编码	名称	
03	林地	031	有林地	指树木郁闭度≥0.2的乔木林地,包括红树林地和竹林地。
		032	灌木林地	指灌木覆盖度≥40%的林地。
		033	其他林地	包括疏林地(指0.1≤树木郁闭度<0.2的林地)、未成林地、迹地、苗圃等林地。
04	草地			指生长草本植物为主的土地。
		041	天然牧草地	指以天然草本植物为主,用于放牧或割草的草地。
		042	人工牧草地	指人工种植牧草的草地。
		043	其他草地	指树木郁闭度<0.1,表层为土质,生长草本植物为主,不用于畜牧业的草地。
05	商服用地			指主要用于商业、服务业的土地。
		051	批发零售用地	指主要用于商品批发、零售的用地。包括商场、商店、超市、各类批发(零售)市场,加油站等及其附属的小型仓库、车间、工厂等的用地。
		052	住宿餐饮用地	指主要用于提供住宿、餐饮服务的用地。包括宾馆、酒店、饭店、旅馆、招待所、度假村、餐厅、酒吧等。
		053	商务金融用地	指企业、服务业等办公用地,以及经营性的办公场所用地。包括写字楼、商业性办公场所、金融活动场所和企业厂区外独立的办公场所等用地。
		054	其他商服用地	指上述用地以外的其他商业、服务业用地。包括洗车场、洗染店、废旧物资回收站、维修网点、照相馆、理发美容店、洗浴场所等用地。
06	工矿仓储用地			指主要用于工业生产、物资存放场所的土地。
		061	工业用地	指工业生产及直接为工业生产服务的附属设施用地。
		062	采矿用地	指采矿、采石、采砂(沙)场、盐田、砖瓦窑等地面生产用地及尾矿堆放地。
		063	仓储用地	指用于物资储备、中转的场所用地。
07	住宅用地			指主要用于人们生活居住的房基地及其附属设施的土地。
		071	城镇住宅用地	指城镇用于生活居住的各类房屋用地及其附属设施用地。包括普通住宅、公寓、别墅等用地。
		072	农村宅基地	指农村用于生活居住的宅基地。
08	公共管理与公共服务用地			指用于机关团体、新闻出版、科教文卫、风景名胜、公共设施等的土地。
		081	机关团体用地	指用于党政机关、社会团体、群众自治组织等的用地。
		082	新闻出版用地	指用于广播电台、电视台、电影厂、报社、杂志社、通讯社、出版社等的用地。

续表

一级类		二级类		含义
编码	名称	编码	名称	
08	公共管理与公共服务用地	083	科教用地	指用于各类教育，独立的科研、勘测、设计、技术推广、科普等的用地。
		084	医卫慈善用地	指用于医疗保健、卫生防疫、急救康复、医检药检、福利救助等的用地。
		085	文体娱乐用地	指用于各类文化、体育、娱乐及公共广场等的用地。
		086	公共设施用地	指用于城乡基础设施的用地。包括给排水、供电、供热、供气、邮政、电信、消防、环卫、公用设施维修等用地。
		087	公园与绿地	指城镇、村庄内部的公园、动物园、植物园、街心花园和用于休憩及美化环境的绿化用地。
		088	风景名胜设施用地	指风景名胜（包括名胜古迹、旅游景点、革命遗址等）景点及管理机构的建筑用地。景区内的其他用地按现状归入相应地类。
09	特殊用地			指用于军事设施、涉外、宗教、监教、殡葬等的土地。
		091	军事设施用地	指直接用于军事目的的设施用地。
		092	使领馆用地	指用于外国政府及国际组织驻华使领馆、办事处等的用地。
		093	监教场所用地	指用于监狱、看守所、劳改场、劳教所、戒毒所等的建筑用地。
		094	宗教用地	指专门用于宗教活动的庙宇、寺院、道观、教堂等宗教自用地。
		095	殡葬用地	指陵园、墓地、殡葬场所用地。
10	交通运输用地			指用于运输通行的地面线路、场站等的土地。包括民用机场、港口、码头、地面运输管道和各种道路用地。
		101	铁路用地	指用于铁道线路、轻轨、场站的用地。包括设计内的路堤、路堑、道沟、桥梁、林木等用地。
		102	公路用地	指用于国道、省道、县道和乡道的用地。包括设计内的路堤、路堑、道沟、桥梁、汽车停靠站、林木及直接为其服务的附属用地。
		103	街巷用地	指用于城镇、村庄内部公用道路（含立交桥）及行道树的用地。包括公共停车场，汽车客货运输站点及停车场等用地。
		104	农村道路	指公路用地以外的南方宽度≥1.0 m、北方宽度≥2.0 m的村间、田间道路（含机耕道）。
		105	机场用地	指用于民用机场的用地。
		106	港口码头用地	指用于人工修建的客运、货运、捕捞及工作船舶停靠的场所及其附属建筑物的用地，不包括常水位以下部分。
		107	管道运输用地	指用于运输煤炭、石油、天然气等管道及其相应附属设施的地上部分用地。

续表

一级类		二级类		含义
编码	名称	编码	名称	
11	水域及水利设施用地			指陆地水域、海涂、沟渠、水工建筑物等用地。不包括滞洪区和已垦滩涂中的耕地、园地、林地、居民点、道路等用地。
		111	河流水面	指天然形成或人工开挖河流常水位岸线之间的水面,不包括被堤坝拦截后形成的水库水面。
		112	湖泊水面	指天然形成的积水区常水位岸线所围成的水面。
		113	水库水面	指人工拦截汇集而成的总库容≥10万 m^3 的水库正常蓄水位岸线所围成的水面。
		114	坑塘水面	指人工开挖或天然形成的蓄水量<10万 m^3 的坑塘常水位岸线所围成的水面。
		115	沿海滩涂	指沿海大潮高潮位与低潮位之间的潮浸地带。包括海岛的沿海滩涂。不包括已利用的滩涂。
		116	内陆滩涂	指河流、湖泊常水位至洪水位间的滩地;时令湖、河洪水位以下的滩地;水库、坑塘的正常蓄水位与洪水位间的滩地。包括海岛的内陆滩涂。不包括已利用的滩地。
		117	沟渠	指人工修建,南方宽度≥1.0 m、北方宽度≥2.0 m用于引、排、灌的渠道,包括渠槽、渠堤、取土坑、护堤林。
		118	水工建筑用地	指人工修建的闸、坝、堤路林、水电厂房、扬水站等常水位岸线以上的建筑物用地。
		119	冰川及永久积雪	指表层被冰雪常年覆盖的土地。
12	其他土地			指上述地类以外的其他类型的土地。
		121	空闲地	指城镇、村庄、工矿内部尚未利用的土地。
		122	设施农用地	指直接用于经营性养殖的畜禽舍、工厂化作物栽培或水产养殖的生产设施用地及其相应附属用地,农村宅基地以外的晾晒场等农业设施用地。
		123	田坎	主要指耕地中南方宽度≥1.0 m、北方宽度≥2.0 m 的地坎。
		124	盐碱地	指表层盐碱聚集,生长天然耐盐植物的土地。
		125	沼泽地	指经常积水或渍水,一般生长沼生、湿生植物的土地。
		126	沙地	指表层为沙覆盖、基本无植被的土地。不包括滩涂中的沙地。
		127	裸地	指表层为土质,基本无植被覆盖的土地;或表层为岩石、石砾,其覆盖面积≥70%的土地。

注:土地划分基本同二调土地分类,其中,水域及水利设施用地可以根据研究需求划分为两部分,一部分指水域,由河流水面、湖泊水面和坑塘水面构成,其余统一称为水利设施用地。

附录E 水资源分类标准

根据土地利用现状分类体系,水资源核算的水域面积范围包括河流水面、湖泊水面和坑塘水面。水量分类按照全国水资源公报统一分类体系。

附表E.1 水资源核算的分类标准

水量分类	水域面积分类
水库存水	河流水面
河道存水	湖泊水面
湖泊存水	坑塘水面
地下水存水	
冰川存水	
合计	

附录F 森林资源分类标准

根据土地利用现状分类体系,林地资源核算的范围包括有林地、疏林地以及其他林地。根据《林业资源分类与代码 森林类型》(GB/T 14721—2010),森林核算包括各类天然林、人工林和其他森林。

附表F.1 森林资源核算的分类标准

	类型	
林地资源	有林地	
	疏林地	
	其他林地	
林木资源	一、有林地	
		1. 用材林
		2. 薪炭林
		3. 经济林
		4. 防护林
		5. 特用林
	二、疏林地	
	三、其他林地	
		1. 四旁树
		2. 散生木

附录 G　矿产资源分类标准

矿产资源核算范围依据所选研究区进一步确定。一般包括能源矿产、金属矿产（包括黑色金属矿产、有色金属矿产、轻金属矿产、贵金属矿产、放射性金属矿产、稀有金属矿产、稀土金属矿产和分散元素矿产 8 个亚矿类）、非金属矿产（包括元素类非金属矿产、矿物类非金属矿产、宝玉石类非金属矿产、岩石类非金属矿和黏土类非金属矿 5 个亚矿类）等。

附录 H　专业术语

保育土壤功能：指生态系统（如森林、草地等）通过其结构和过程减少或免遭大气降水对土壤表层的直接冲击、降低地表径流对土壤侵蚀，有效固持土体、减少土壤和营养物质流失的作用。

调蓄洪水功能：指湿地生态系统暂时蓄纳入湖洪峰水量，削减并滞后洪峰，从而减轻河流水系洪水威胁的作用。

工业二氧化硫（SO_2）排放量：核算期内企业在燃料燃烧和生产工艺过程中排入大气的 SO_2 总量。

工业废气排放量：核算期内企业厂区内燃料燃烧和生产工艺过程中产生的各种排入大气的含有污染物的气体的总量，以标准状态计算。

工业废水排放量：核算期内经过企业厂区所有排放口排到企业外部的工业废水量。包括生产废水、外排的直接冷却水、超标排放的矿井地下水和与工业废水混排的厂区生活污水，不包括外排的间接冷却水。

工业固体废物产生量：核算期内企业在生产过程中产生的固体状、半固体状和高浓度液体状废弃物的总量，包括危险废物、冶炼废渣、粉煤灰、炉渣、煤矸石、尾矿、放射性废物和其他废物等；不包括矿山开采的剥离废石和掘进废石（煤矸石和呈酸性或碱性的废石除外）。

工业固体废物储存量：核算期内企业以综合利用或处置为目的，将固体废物暂时储存或堆存在专设的储存设施或专设的集中堆存场所内的数量。

工业固体废物处置量：核算期内企业将固体废物焚烧或者最终置于符合环境保护规定要求的场所，并不再回取的工业固体废物量（包括当年处置往年的工业固体废物储存量）。处置方式有填埋（其中危险废物应安全填埋）、焚烧、专业储存场（库）封场处理、深层灌注、回填矿井及海洋处置（经海洋管理部门同意投海处置）等。

工业固体废物排放量：核算期内企业将所产生的固体废物排到固体废物污染防治设施、场所以外的量。不包括矿山开采的剥离废石和掘进废石（煤矸石和呈酸性或碱性的废石除外）。

工业固体废物综合利用量：核算期内企业通过回收、加工、循环、交换等方式，从固体废物中提取或者使其转化为可以利用的资源、能源和其他原材料的固体废物量（包括当年利用的往年工业固体废物储存量）。

工业烟粉尘排放量：核算期内工业烟尘和工业粉尘排放量的总和。其中工业烟尘排放量指企业厂区内燃料燃烧过程中产生的烟气中夹带的颗粒物排放量。工业粉尘指在生产工艺过程中排放的能在空气中悬浮一定时间的固体颗粒。

固碳释氧功能：指生态系统固定并减少大气中二氧化碳和提高并增加大气中氧气的作用，这对维持大气中二氧化碳和氧气动态平衡、减少温室效应以及为人类提供生存的基础都有巨大和不可替代的作用。

涵养水源功能：指生态系统（如森林、草地等）通过其组分和结构对降水的截留、吸收和储存，将地表水转化为地表径流或地下水的作用。

化学需氧量（COD）：测量有机和无机物质化学分解所消耗氧的质量浓度的水污染指数。

环境核算：是指通过科学调查评估以及建立一系列模型方法，对一定时间和空间内人类活动产生的环境污染物给自然环境和人类生活造成的损害进行核算，其中包括实物量核算和价值量核算两个部分。环境核算是自然资源资产负债核算中的重要内容之一。

环境损害：是环境负债的重要表现形式，是人类日常的、反复的活动下所产生破坏维持人类健康与安适生活的环境，而间接损害公众之权利或利益或有损害之虞的事实。环境损害包括对环境的损害和对人的损害。

环境污染：是指人类活动向环境中排放污染物，造成环境质量的降级。环境污染按污染物的形态划分主要有水污染、大气污染、固体废弃物污染、放射性污染和噪声污染；按污染产生的来源可分为工业污染、农业污染、交通运输污染和生活污染等。

环境污染实物量核算：本书中所述的水环境、土壤环境和大气环境污染实物量核算，是指在国民经济核算的基础上，运用实物单位（物理量单位）建立不同层次的实物量账户，描述与经济活动对应的各类污染（物）的产生量、去除量（处理量）、排放量等。描述污染的来源和去向。实物量核算可以向经济运行和环境保护提供启发性的信息，并为进一步开展的价值量核算提供数据支持。

环境污染治理成本：包括环境污染实际治理成本和虚拟治理成本两部分，实际治理成本指已经治理所花费的费用，而虚拟治理成本指在现有污染平均处理技术成本下，把当年排放到环境中的污染物全部处理所需要的运行成本。

净化大气环境功能：指生态系统有效吸收有害气体和阻滞粉尘，从而起到净化大气的作用。

净化水质功能：指生态系统通过一系列的物理、化学和生物过程，发挥的降低污染物浓度的作用。

生活及其他 SO_2 排放量：以生活及其他煤炭消费量和其含硫量为基础计算的

SO_2 排放量。

生活及其他烟粉尘排放量: 指除工业生产活动以外的所有社会、经济活动及公共设施的经营活动中燃烧所排放的烟粉尘纯重量。

生态核算: 是通过一定的指标体系、模型方法,对人类活动造成生态破坏或恢复导致的一定空间和时间内容生态系统功能的变化进行核算的过程,其中包括实物量核算和价值量核算两个部分。生态核算是自然资源资产负债核算中的重要内容之一。根据自然资产负债表的总体框架要求,本书中的生态核算特指生态调节服务功能的实物量和价值量核算。

生态破坏: 是指人类不合理的开发、利用,造成森林、草原、湿地等自然生态环境遭到破坏,从而使生态系统中的人类、动物、植物的生存条件发生恶化的现象。

生态系统服务: 指生态系统中可以直接或间接地为人类提供的各种惠益。2005年发布的联合国千年生态系统评估报告,把生态系统服务划分为供给、调节、文化和支持4大类。

危险废物: 指列入国家危险废物名录或者根据国家规定的危险废物鉴别标准和鉴别方法认定的,具有爆炸性、易燃性、易氧化性、毒性、腐蚀性、易传染性疾病等危险特性之一的废物。

虚拟治理成本: 指目前排放到环境中的污染物按照现行的治理技术和水平全部治理所需要的支出。治理成本法核算虚拟治理成本的思路是:假设所有污染物都得到治理,则当年的环境退化不会发生。从数值上看,虚拟治理成本可以认为是环境退化价值的下限核算。

资源耗减: 是指社会经济活动过程中因对资源的使用而产生的各类自然资源的消耗。

自然资源: 天然存在、有使用价值、可提高人类当前和未来福利的自然环境因素的总和。

自然资源负债: 由于核算主体以往一定时期的活动导致的自然资源耗减、环境损害和生态破坏,是应当由核算主体承担的支出。应符合自然资源负债属于本核算主体、此项负债能够可靠计量等基本要求。

自然资源核算: 是指对一定时间和空间内的自然资源,在合理调查评估的基础上,从实物和价值两方面统计、核实、核定其总量和结构的变化及其利用状况的行为。

自然资源资产: 具有稀缺性、有用性(包括经济效益、社会效益、生态效益)以及产权明确的自然资源。应符合自然资源的所有权或者使用权属于本核算主体、此项资产可以在将来给核算主体带来直接或间接收益和该资源的成本或者价值能够可靠计量等基本要求。

自然资源资产负债表: 将一国或地区的所有自然资源资产分类加总形成的报表,综合体现某一时点上区域自然资源资产的"家底",反映一定时期内自然资源的使用状况及其对生态环境的影响。